學會和自己的負面感受相處，
而不被它驅使去做事，
是成熟長大的第一步。

遇見
自在優雅的自己

張德芬——著

自序

內觀自己的情緒模式

收到出版社發來的新書完稿，我仔細地校訂了一遍，一字一句地審核這幾年我走過的心路歷程。不由得說，我的體悟越來越深，落地實際操作的方法也愈加清晰明瞭，我非常欣慰。

我相信這本書的內容，將帶給更多的人更深的啟發和認知，讓他們了解自己的各種關係、日常生活中的行為軌跡，究竟出了什麼狀況、發生了什麼問題，才讓他們痛苦、糾結。

其中很特別的一句話，真的是我掏心的肺腑之言：「目前我們生命中的困境，讓我們痛苦糾結的人、事、物，真的都是我們自己內在原來就有的情緒感受帶來的，我們只是找個身邊的或是看得見的人、事、物掛靠上去，然後發洩出來而已。」這真的是我多次的親身經歷，以及觀察身邊各類的人、事、物，進而總結出來的心得。所以說，面對人生的困境，與其和外境以及其他人不斷地搏鬥、爭執，不如回頭看看自己，為什麼我會困在這個情境裡面？我是如何把它創造出來的？有沒有可以一勞永逸的脫身辦法？這個「一勞永逸」是非常重要的，因為，也許我們可以順利地打敗外境、征服他人，但是，如果自己內在的模式不改變，類似的情境還是會發生——以一種不同的形式、力度和強度，捲土重來挑戰你。所以，不如內求一勞永逸的方法，讓自己在人生的這個領域、這種遭遇之中從此免疫。很神奇的是，如果你真的達到了「免疫狀態」，同樣的事情，就再也無法困擾你，並且會就此在你的生命中消失無蹤。

靠內求的方法來止息我們的煩惱，可以經由各種不同的途徑。最幸運的人，就是經由「知見」的改變，能夠一下子醒悟過來，改變他們看待人、事、物的看法，進而獲得解脫。比方說，很多我的讀者，經由我的分享，他們立刻放下了生命中正在糾結的事情，感到喜悅度大幅提升。這是因為他們自己的福報和領悟力，更是因為他們命中的「時機」到了，不是我，也是別的老師、別的書，帶他們走入「向內探索」的旅程，獲得洞見，進而提升自己。但是，大部分人都會感到一個無奈的事實：道理知道了，卻仍然做不到。這是因為，我們大多數人，都還在過著「身不由己」的生活，心裡明白，但是行為上卻無法改變。我們的行為是由大腦來操控的，大腦的神經迴路是從童年開始，受到先天的基因、外在的境遇、教育等影響，形成了固定的迴路。偏偏我們的大腦相當懶惰，如果你不去有意識地改變它，它就是會按照行之有年的方式去回應外界的刺激。所以，「有意識地去改變自己大腦的神經迴路」，是一勞永逸消除煩惱的好方法。前面說過，也許一本書，就能夠觸動到你的改變，從而用不同的眼光看待人生。但是，更多的人，因為情緒的積壓、能量的累積，讓他們在情緒激動的時候，就是無法控制自己，或是說，他們的負面情緒「迫使」他們用比較負面的眼光去看待事情，同時以負面的方式去回應。所以這個時候，其他的干預手段就很重要，比方說，有計畫地去清理自己身體的堵塞能量（借助跳舞、冥想、健身、運動等手段），借由推拿按摩、拉伸（瑜伽）、能量導引（太極）讓自己的經絡更加疏通，因為我們的很多情緒都是潛藏在經絡之中。找到一個自己覺得可以依歸的宗教信仰，遵循一些儀軌、儀式做一些心靈和能量的淨化，也都很不錯。但所有這些行為，都需要一個有意識的主宰去執行，否則我們就是會以為：自己的地圖（想法、概念）就是真實的世界——我們認為自己看待事物的方式，就是它們實際的狀態，而且還會受自己固化的大腦神經迴路控制，不願意改變。想要建立一個有意識的發號施令的內在中心，靜坐冥想其實是最好的方法。學習用一個觀察者的臨在意識，在靜靜坐著的時候，去觀察自己內在的所有心智活動，有什麼比這個更能讓人掌握自己的內心呢？但是，靜坐冥想的效果不夠快速明顯，而且有些人覺得枯燥，堅持不了，但可以多方嘗試，總有一些冥想的方式是適合你的，這是能解除所有痛苦和提升智慧的萬靈丹。一般來說，如果每天靜坐二十分鐘，持續三週，多多少少就能感受到它在穩定情緒、提升能量方面的功效。再來就是，利用比較集中的能量爆破的方式（跳舞、戲劇治療、呼吸、系統排列、身體工作等）進行的療癒工作，可能也會有所幫助。

但最重要的是，你，一定要「苦夠了」，不願意再按現在的方式過下去了，你急需改變自己，以尋求內在的平安和喜樂，那麼，以上這些「內求」的方法，你都可以去嘗試。與此同時，我也希望這本書像一個探照燈一樣，照亮你內在黑暗無明的地方，讓你看清楚自己困境的真相是什麼。鑰匙也許就在你手裡，或許，你一直以為囚禁著你的大門，其實根本沒有鎖。

我祈願這本書能有這樣神奇的功能和效果。

也祈願更多的人，能夠離苦得樂、明白真理、自在解脫……

德芬

二〇二〇年十二月，臺北

Contents

Part 4 選擇的焦慮

Part 5

撫平負面情緒的練習

Part 1

負面情緒的產生

01

哪有不可原諒，你只是不肯放過自己

一個人的命運是自己造成的嗎？

茉莉的阿姨命很苦。丈夫早死，兩個兒子竟然也分別罹患絕症先她而去。阿姨孤苦一人，想到了失散多年、在臺灣的姊姊，雖然素有來往，但畢竟不是那麼親密，於是就隨朋友到臺灣去找姊姊。

姊姊，也就是茉莉的媽媽，一開始就反對妹妹過來。阿姨本來還想住在姊姊家，被茉莉的媽媽嚴詞拒絕。到了臺灣以後，姊姊就見了她兩面，並且沒有邀請她回家坐，阿姨也沒見到姊夫和其他人。

看到這裡，你會覺得茉莉的家人很沒有親情嗎？但是如果你了解阿姨是怎樣的人，就完全能夠理解茉莉家人的做法了。

阿姨走了以後，媽媽告訴茉莉，每次見面，阿姨都覺得姊姊欠了她的。國共內戰時期，姊姊被爸爸的朋友帶到了臺灣。阿姨宣稱，她在公司裡面「本來可以飛黃騰達，但是因為姊姊在臺灣，就受到歧視，所以不能轉正」。

這件事情，每次見面都要拿出來說，並且阿姨會用各種方法加重茉莉媽媽的罪惡感，讓茉莉媽媽覺得非常難受，但是又做不了什麼。

阿姨的貪婪，也讓茉莉全家人避之唯恐不及。每次見面阿姨都開口要錢，永遠不夠。其實阿姨每個月退休金也不錯了，在三線城市生活，加上有配房，是綽綽有餘的。但是恐懼和貪婪，讓阿姨一直不斷跟茉莉媽媽要錢，而且還覺得理所當然。

這次來口氣更大：「你不要每個月給我錢了，你一次給我一年的。不，給五年的吧，誰知道你們家能有錢多久?!」這話讓老人家聽了特別生氣。

一個人的命運是自己造成的嗎？

表面上看，阿姨的語言行為，造成了她親姊姊的疏離，沒有人想和她靠近。但是，阿姨無法選擇她的丈夫和兒子們的早逝，更無法選擇她貪婪無知和粗俗的性格，她純粹就是一個命運的受害者。

茉莉是我的朋友。她沒有批判阿姨，實際上，她是全家唯一還願意跟阿姨說話、來往的人。因為，她就是看到了這一點：阿姨就是一個命運的受害者。

同父同母的姊妹，差三歲，茉莉的媽媽高貴美麗，皮膚白皙，年紀大了，有老伴有兒女，一家人其樂融融。阿姨皮膚黝黑，說話聲音都粗魯，更別說整體的氣質談吐了，然而姊妹倆長得還真像。這公平嗎？

不公平。誰說人生是公平的？一分耕耘一分收穫，真的管用嗎？有人說，基因就是命運，可是像茉莉的媽媽和阿姨，同一個基因來源，長相近似，但命運卻如此不同。

所以，我們只能成為命運的受害者嗎？

我們和阿姨的差別是什麼？我們需要怎麼做，才不會淪為命運的奴僕？

寬恕，其實是放過自己，不是為了別人

我們無法控制發生在我們身上的事情，同樣的，我們如何回應發生在我們身上的事，一開始也是無法控制的，而這就是修行的重要起點。

阿姨不懂修行，也不會反觀諸己，她只能成為命運的囚徒。你呢？

她無法意識到「人我」和「因果」的關係，只能像一臺由自動化程序操控的機器一樣過她的人生。你看到這篇文章，可能也看過我的書，上過一些靈性課程，你想要

翻身嗎？你想要自由嗎？你，想要改變嗎？

舉例來說，我在微博發了路易．史密德的一句話：「寬恕，就是讓一個囚犯自由，然後你會發現，那個囚犯就是你自己。」

任何有怨恨、後來放下的人其實都可以驗證這個道理——你不原諒一個人，一直怨懟他，最後，其實痛苦、受壓迫的是自己，而不是對方。寬恕，其實是放過自己，不是為了別人。

有讀者留言：「我每天都在折磨自己，跟神經病一樣，為什麼我就做不到寬恕？內心始終無法放下。可能是被傷得太深，也可能是自己不甘心。我該怎麼走出這個困境呢？真的不想這個樣子。」

是的，寬恕不是每個人天生都有的美德，有些人就是需要後天學習的。

不能寬恕的原因是什麼？很簡單，就是我們無法和內在那個不舒服的感受待在一起。

那個人他背叛我，讓我覺得自己很沒有價值；那個人傷害我，我的利益損失了，我不甘心；那個人羞辱我，讓我覺得沒面子……

沒有價值、不甘心、沒面子，其實都是一種「感受」和「情緒」。我們當時吃

了悶虧，吞不下那口氣。這個時候，如果情勢需要你去採取一些行動，那一定優先去做。

但是，如果實際上你已經無法做什麼，只能自我消化的時候，最好的做法就是去忽視那個造成你這種感受和情緒的人和事，而專注在你的情緒和感受上。我常說，先不去追殺那個放火的人，而是先救火。

接下來，你可以做的是：

一、為它們命名。

你感受到的情緒是什麼？是羞辱嗎？是悲傷嗎？是無價值感嗎？這是絕望嗎？我們每個人都可能有上百種情緒，為它們命名，看清楚它們，是能夠讓你跳脫出來的非常重要的步驟。

二、接下來，看到它們在你生命中的重複性。

一定不是這個特定的人、這件單一而特殊的事才勾起你這個情緒的，它一定是反覆發生的情緒模式，在你生命中一再出現的。認清它們的足跡，接受它們是你自身攜帶和生產的，而不是外界引發的。宣告、承認你對它們的「所有權」！

三、下定決心不想讓它再來主導你的人生了。

每次這個情緒一出現，你就逃跑，或是做一些補償行為，好讓自己不要感覺到它。那些補償行為可能稍後會讓你感覺更不好（比如因為不想感到愧疚而去額外付出），或是會遺留一些後遺症（像各種上癮的行為），你已經受夠了！

四、讓自己挺直腰桿，像一個勇士一樣坐在那裡，說：「來吧！讓我好好感受你，看你能把我怎麼樣?!」

端坐著，回想一些情境，幫助你把這些情緒帶出來，然後，老老實實地待在那裡，用身體去感受情緒，或是說，從身體層面上去觀察情緒對你的作用。感受它、接納它，讓它流經你，然後消失。

如果能夠這樣對待每一個困擾我們的人事物和情緒的話，命運就是掌握在我們自己手裡了。

02

當你願意走出痛苦，全宇宙都會來幫你

你逃避的人生課題，會以另一種形式回來

家族系統排列大師海靈格說過一句話，受苦比解決問題來得容易，這真是一語道破許多人的受害者心態啊。

解決問題對很多人來說，意味著改變自己或對方、外境，或是會動搖到目前現有的安穩狀態，尤其是如果你找到問題的根源且願意面對的話，那會牽扯到需要改變自己根深柢固的一些想法、習慣、行為，這是最難的。

所以，有的時候，就停留在原地不動，繼續受苦，同時埋怨別人（或是公司、社會、老天）是最省力的方法。

蕾蕾是一名年過半百的家庭主婦，是我多年來屬於「家庭圈」的一位朋友。最近她跟我說，她因為一件很小的事情，造成壓力，開始有了恐慌症和心悸的症狀，同時

經常喘不過氣來。檢視自己看起來幸福無虞的人生，她發現自己對老公和他家人，有很多的怨憤，當然主要原因還是來自金錢。

蕾蕾的問題，表面上看是老公對婆家人過於照顧，對她來說，是很不公平的。不過，我知道，蕾蕾的問題來自自己多年沒有賺過錢，對金錢有一種非常恐懼的不安全感。她覺得自己委屈，因為老公從來不和她正面溝通他照顧家人的事，她也一直隱忍著。

這些委屈和怨憤，年輕的時候，還可以控制得住，一旦年紀大了，心力不足，就開始在身體層面造成各種麻煩。

其實認真檢視一下他們家的財務狀況，是沒有什麼大問題的。蕾蕾是因為多年積怨，再加上現在心氣弱，所以迸發成生理疾病。蕾蕾跟我談話的時候，焦點始終放在老公和他的行為上，以及家庭財務問題的分配不公等瑣碎的事情上面。

我告訴她問題的根源不在此，但顯然，每種情況的受害者，都覺得「外境」和那個引發外境的「人」才是我們要探討的對象，他們熱中於探究對方行為的不公、錯誤，以及對自己造成的傷害，沉溺在「受苦」中，並不想真正地解決問題。

因為責怪別人，比承認自己需要改變容易；
因為承受不幸，比享受幸福來得簡單（by海靈格）；
因為抱怨、受苦，比改變自己的觀點和慣性更讓我們自在。

讀這篇文章的讀者應該都比較年輕。我語重心長地想和大家說，此刻你們逃避面對的人生課題，永遠都會在稍晚的時刻，以更嚴峻、更厲害的方式呈現，逼著你不得不去好好面對。

所以，不如就從現在生命中的一些困境、課題開始練習。

首先，從更加了解自己的內在運作方式開始，學習從看到自己的負面情緒著手，深入探究是什麼樣的想法讓你產生了負面情緒。

有些人不願意改變，是因為受的苦還不夠多

樊登老師採訪我的時候曾說起，有些人非常痛苦，求助於他，他的回答也是「你需要做出改變」。

問話的人其實自己也知道，但就是沒有動力去做。還繼續問：「那我究竟應該怎麼做呢？我就是不知道怎麼樣去改變。」樊登老師想知道我會怎麼回答。

我說：「這些人其實痛得還不夠，就讓自己痛到不行的時候再說吧！」

如果你的手正在被火燒，我需要跟你說讓你離開嗎？如果你自己不走，說明你燒得還不夠，就等燒夠了，你自然會尋求各種方法讓自己解脫。

所以，在痛苦中掙扎的人，最重要的就是要看見自己在受苦，而且願意承擔自己受苦的責任，不是用各種藉口來讓自己繼續留在痛苦中。

有些人以苦為樂，因為痛苦給予他們一種虛假的身分感，讓他們變成一個「有故事」的人，是可以出去和別人說的，至少，有些東西可以拿來說嘴、代表「我」。

如果你離不開痛苦，可能真的要看看，這份苦，是否帶給你一些附加價值（secondary gain），讓你捨不得脫離受害者身分。

有些人的確是苦不堪言，但是自己一點委屈都不能受，一點虧都不能吃，無法理解「退一步海闊天空」的釋然，這種人吃苦也吃得振振有詞，因為——都是其他人的錯。

當你決定走出痛苦，全宇宙都會來幫你

我和我兒子去健身房鍛鍊的時候，就問他：「坐在家裡看電視，比跑步舒服多了。平板支撐比躺在那裡辛苦多了，為什麼我們要做？」

他說：「鍛鍊！」

「為什麼要鍛鍊？」我問。

「對我們身體健康好啊！有各種好處。」兒子理所當然地說。

「是的，」我藉著機會教育，「心理的健康也是需要鍛鍊的，一開始也會讓你不舒服，你需要違反自己的慣性，走出自己的舒適圈，但是，這是最棒的增強內在力量的方法。」

從我自己的經驗來說，我過去是一個一直在吃苦的人。我受的委屈說出來，其實也非常值得同情的。當然，這不能抹殺我要為自己負責的部分，那就是：

為什麼你會遭遇這樣的事、做這樣的選擇？

為什麼你當時看不出來別人都看得到的「真相」？

為什麼你任由對方這樣對待你？

我能走出痛苦的最根本原因，就是我願意為自己應該負責的部分負責，同時，用各種方式學習和痛苦同在——各！種！方！式！

當你決心要脫離痛苦時，有這樣的堅強意願，宇宙就會調動所有的資源來幫助你。

相信我，你可以做到的。

祝福你！早日走到隧道的盡頭，體會那裡的光和愛！

03

走出劇情：和自己內在發生的情緒共處

你的人生，是你寫的劇本

時尚界著名大師老佛爺Lagerfeld（拉格斐）過世了，生前他把全部遺產留給一隻貓。

雖然這在法律上是不承認的，但是，他對貓的感情有多深，可想而知。與此同時，也讓人同情他，因為他身邊竟然沒有一個親近的人——親密伴侶？兄弟姊妹？姪子姪女？好朋友？顯然一個都沒有。

他住在偌大的豪宅裡面，享受著世間的一切繁華。世人的敬重、愛戴，都不如這隻朋友寄養在他家的貓帶給他的感情依託來得重要。

我的一位朋友最近養了十五年的狗狗去世了，她的反應，也可以用「如喪考妣」來形容。二〇一八年年底，我養了十多年的狗狗也病逝了，我很難過，很想念牠，但是，都不至於如此。

不是因為我沒心沒肺，而是我沒有放那麼多的感情在我的狗狗身上。雖然兒女都不在身邊，我總是自己一個人，但是我對狗狗的情感依賴就是沒那麼深。

在一般人眼裡，Lagerfeld的貓和我朋友的狗，真的是非常普通、平凡的動物。但為何在他們眼中，卻是如親人一般珍貴？

這就是這篇文章要探討的主題：

我們生命中很多的痛苦，都是自己撰寫的劇本、為自己加的戲。既然我們可以寫苦情戲，當然也可以寫歡樂劇。

而第一步，就是要認識自己是編劇高手。

每個人，都是最佳玩家

我不認識Lagerfeld本人，無法評判他的生活，但是如果去世的時候需要把遺產留給一隻貓，說明了他的世界是非常冰冷的，他把「人」都隔絕在他的心門之外，無人可以走進。

然而他的心裡是寂寞的、孤單的，否則不會在朋友託他照顧貓幾天之後，就愛上了這隻貓，傾注所有的情感在牠身上。

在這隻普通的貓身上，他加諸了許多「戲」，所以，最後這隻貓就成了他離開世界時，唯一寄託溫情之所在。

就像很早前的一部電影《浩劫重生》（Cast Away），湯姆．漢克斯扮演的角色因為遭遇空難，一個人在荒島上生存，他如此寂寞，所以必須創造出一個說話的對象——一個沾了他血手印的足球。他還為足球起名為威爾森，常常跟威爾森說話，甚至還會「吵架」！

是的，劇情平淡的生活太無趣，沒有人吵架就沒有高潮起伏，太無聊了。

我們的人生是否也是如此？誰要一帆風順、沒有障礙和挫折的人生？表面上看起來，每個人都要，但實際上，不是的。

我們都是戲精，喜歡情感充沛的大戲，所以添加了眾多的戲劇元素在我們的關係、生活中，好讓自己的生命有色彩、有波折、有激情。

所以，我們每個人都是自己生命的最佳玩家。

問題就是，我們有時候玩過頭了，搞得太戲劇化或是太悲情了，自己都受不了，後悔了，這個時候，其實只要修改劇本就能夠挽回。

但是，大多數的人都不知道自己有這個能力。就讓我們來看看，如何修改自己的人生劇本吧。

首先，舉一個範例。

據說，有一個村落裡住了一位禪師，他德高望重，大家都非常敬仰他，常常送東西給他吃。

有一次，村裡的少女懷孕了，父母驚嚇到了，追問孩子的父親是誰。少女迫於無奈，只好說，是禪師。

村民們到了禪師家門口，唾罵他，還吐口水在他門上。面對所有的謾罵和指控，禪師只說了一句：「是這樣的嗎？」

從此沒有人再搭理禪師了，看到他都用鄙視的眼光怒目相視。

少女後來生下了孩子，她父母就把孩子帶到禪師家，丟在門口說：「這是你的孩子，你自己養。」

禪師也是說：「是這樣的嗎？」就接過了孩子，撫養他。

最後父母發現少女和一名少年屠夫往來密切，追問之下，原來屠夫才是孩子的父親。

村民們又集結在禪師家門口，少女父母向禪師道歉：「對不起，我們錯怪你了。這個孩子我們現在要抱走。」

禪師還是說：「是這樣的嗎？」

禪師顯然就是一個沒有故事的人——他完全接納當下發生的所有事情，並且與之和平共處。他沒有要演一齣激情大戲的欲望，所以隨順自然而行。

這麼高段的修行，我們一般人是做不到的。但是，我們至少可以學習到「在當下，和自己內在發生的情緒共處」。我以前的文章和書中，都說到了很多。

改寫人生劇本的最佳方式

心理學家李雪二〇一八年年末出了一本新書《走出劇情：活在人生的真相裡》，說的就是如何自我負責，獲得內在力量，不要再當戲精了。

李雪非常傳神地跟我描述她的四天頓悟的過程。當時，就像是有一個保護罩罩在她周圍，而各種劇情，就像長長的繩索，想來勾住她，但是因為有保護罩在，所以沒能得逞。

四天以後，保護罩退除，劇情線過來了，勾住她，她以強烈的意識覺知斬斷了，但是後來接二連三地勾過來，她無法招架，又回到被劇情線拉住的生命狀態。

但是，她不像以前那樣，會理直氣壯地做受害者了，劇情降臨的時候，很容易看到，所以，她寫了這本書。

現在，給大家示範如何走出劇情的一個例子。

有人做事讓你不舒服了。

劇情一：他每次都這樣，這個人就是非常糟糕，我要跟他保持距離。

劇情二：他是故意讓我難堪或不尊重我。

劇情三：他可能不是故意的，最近太忙了吧。

劇情四：他就是一個非常愚蠢的人，不理他。

劇情五：這件事除了讓我不舒服，有沒有實質損失？沒有的話無所謂，我不採取什麼行動。如果有實質損失，我會理性地去交涉。

其實，我們每一個人都有能力在這些劇情中去選擇最適合我們、對我們最有利的反應和想法，但是，我們最常做的就是按照自己的慣性去回應。

所以，當你發現自己的某種關係搞得很糟糕、自己很不快樂，或是某件事情老是搞不定時，可能需要把你對這件事、這個人的想法、看法和回應方式寫下來，白紙黑字地看到它們。並且，認真地探討這些想法和反應模式，究竟能不能幫助你，得到你想要的東西。

放開自己的任性和情緒，選擇對自己最有利的回應方式，就是改寫人生劇本的最佳方式。

當然，你首先要知道自己真正想要什麼。

如果你就是想要成功，那有的時候就必須放棄一些原則，甚至尊嚴。

如果你要的是幸福，就不要在關係裡爭執對錯，你的回應方式要能夠讓對方更加疼愛你，而不是被你罵走。太貪心的人，不認識自己的人，最終會無法得償所願。

看到那些對你不利的劇情，就放下它們吧！承諾自己：你真的是想要幸福，而不是順著自己的慣性模式生活。

當然，遊樂場裡雲霄飛車是最多人排隊的，如果放不下劇情，就是想演刺激、過癮的戲也無妨，但是要能進退自如，不被卡在惡性循環的模式裡輪迴，最終才能毫無遺憾地優雅離場。

04

累積內在力量，讓困難變成助力而不是阻力

痛苦，是攔路石或墊腳石？

在一次鏡子練習課程的直播答疑中，我回答了一個朋友的問題：

「我讀了您的書，了解到一切都是最好的安排，我也改變了心態去接受事情。可是到了後來，事情一波接一波的，只有更壞沒有更好，我是否還應該相信這個信念呢？」

親愛的，沒錯，的確「一切都是最好的安排」，但是「最好的」並不是由我們來決定，而是由我們的靈魂決定的。

如果你的靈魂希望你在感情上學會獨立自主，你的親密關係就不可能一帆風順，目的就是在困難中，學到功課，進階升級。

「一切都是最好的安排」還有一個深意，那就是學習接受已經發生的事。

因為發生的事最大，任何人不可能改變，我們學會「接受」，在情緒層面臣服，省下來的能量，就可以充分運用在如何處理、解決問題上。

沒有抗拒，就不會消耗能量，和已經發生的事情抗爭，吃虧的是誰呢？

所以，我越來越發現，生活中的一切橫逆、險阻，如果你認為它是個障礙，耗費很多能量去對抗它，就會讓自己的生命非常悲劇。

這種情況下，它就會是一塊攔路石，擋著你要去的路，你只能想辦法繞道而行，或是準備炸藥把這塊石頭給炸了，或是一天到晚在石頭前面憤怒、抱怨。

你也試著去撬動它，但大多數時候，它都是紋絲不動，最多只能被切掉一小塊。

但是，如果你把它當成墊腳石，那你會想辦法超越它，自己鍛鍊肌肉準備攀岩，備好工具，開始！

最終，你靠自己的力量登上了這塊石頭，你會發現你的眼界不同了，你所在的層次不一樣了，你看到了人生前所未有的另一番風景，這是在石頭前面哭訴的你所想像不到的。

越早看清生活，越少受苦

如何攀岩？現代人的問題很多，每一個都可能是一塊大石頭，如何累積內在力量，讓困難變成助力而不是阻力？

首先，就是要建立自己的正知正見。其次，就是要學會認出自己的情緒習慣。我們要能看見：

什麼想法對自己是有利的？
我現在的想法是不是錯的？
別人過得那麼好，我要不要學習人家一下呢？
我如何能更加茁壯成長、為自己創造幸福？

很多人生活在自己出廠設定的人生程序中——總是以負面的眼光看待一切事情，總是抱怨卻沒看見行動，情緒的基調就是悲情的、愁苦的，這樣的人，生活很辛苦。

我們能否看見，外面發生的一切都是我們召喚來的，或是我們造成的？一天看不清楚，我們就會受苦一天。

看清楚了，願意承擔自己生命的責任，痛苦就會越來越少，至少，你不會為之所苦了。

我看過太多的例子，很多人遇到了不好的婚姻、不對的人、孩子出了一些狀況，最後他們都能夠化腐朽為神奇，把災難變成祝福，讓人生更加充盈美滿。

張德芬幸福研習社的一個分會會長就告訴我，當年她十多歲的兒子有了一些反叛行為，讓她驚覺到自己家庭的一些問題，於是開始個人成長、學習。

她說，如果不是這樣，兒子都不知道會怎麼樣，老公也可能和她離婚了。

所以，她現在的幸福來自面對兒子異常行為的挑戰，她沒有只去修正兒子，而是成長自己，最後收穫的是完美的家庭和事業。

我自己走過那麼多人生的風風雨雨，最後的感悟是：無論是誰在此刻的生命中為難你、讓你受苦，你要做的是如何在幾年（或更短）的時間內，讓他成為一個你會感恩的人。

這樣做的人，內在力量強大，學會了這本事，未來的人生會更篤定、更豐富、更有趣。

任何事，都能讓你強大而柔軟

如果我們隨著年齡增長，敵人、仇人只是越來越多，那麼我們的晚年，就不可能歲月靜好。

受一次苦，學會了功課，鍛鍊了肌肉，我們就會越來越不怕風霜雪雨的考驗了。

有一個朋友的姊姊，嫁了一個會家庭暴力的老公，她總是說：「不管怎麼樣，他給我一個這麼好的兒子，我感恩他。」

帶著這樣的心態，她有一天帶著兒子逃離了暴力老公，這是最好的決定。心理上，她沒有怨言只有感恩，孩子也不會恨父親；行動上，她勇敢地帶著孩子離開暴力的環境，我讚嘆：她對孩子的愛，超越了她對老公的恨，讓她的生命好過了很多。

而我們看到，很多人其實是自己害怕離開婚姻，但是拿孩子做藉口。一方面在暴力中承受痛苦，不採取實際行動拯救自己；另一方面又在含恨抱怨，常常找人哭訴。這是送給孩子最差的禮物。

我把上面那一段的感悟發在微博裡，有一個網友就留言說：「我殺了你子女，你還感恩我？呵呵！」很多其他網友很憤怒，表達了不滿。

我個人倒是沒有憤怒，我把這個當成案例來給大家說明一下。看了這個留言，我的第一反應當然不是很舒服，然後我看到了我的恐懼。因為我一直在練習，直接看到自己憤怒背後的真實感受，並且為之負責，這樣就不會被憤怒宰制。

我當然會恐懼，如果這個世界上還有什麼是我願意用性命去交換的，那就是我的孩子。那一瞬間，這個網友激起了我對失去孩子的恐懼和痛苦，我看到了，安然和這個感受待在當下，和它在一起。

因為我沒有抗拒這股在我心頭沉甸甸的能量，所以我的腦袋是理智清楚的。我知道這名網友內心很痛苦，也很暴力，我能理解她，而且，我知道她不會真的採取行動的。但是，失去孩子的恐懼還是相當巨大的，被她喚醒之後，我必須好好面對它。

如果我的孩子必須比我先離開這個世界，我有什麼能力、權力去阻止呢？而我自己的感悟真的是——發生的任何事情，都應該讓你變得更加強大而柔軟，而不是被它擊敗。

於是我回覆她：「我會恨你幾年，然後用你丟過來的這坨糞便，澆灌我的生命之花，讓它更加燦爛美麗。」

也許我一下子做不到，但是，我一再說，「意圖」很重要，我們必須為自己設定一個正向的意圖，不能隨波逐流地過人生。

我此生致力於突破我們的先天出廠設定，讓我們都能夠過得更自在、更淡定，生而為人，這是我們每一個人的責任。

我的親密關係天生的出廠設定非常差，我只要一動心之後，就是一股悲情的感覺，要感受分離之苦，還有所求不得、所愛不能的悲痛，怎麼悲劇怎麼來。

所以，在親密關係中，我會不斷經歷這樣的感受，直到有一天，我突破了自己的限制，願意接受單身的事實，學習真正的情緒、情感獨立，我才發現，原來單身的世界這麼好玩。

有這麼多深層次的東西可以發掘，這是始終把注意力羈絆在對方身上的我，以前不曾體驗到的。

慢慢地，我要學習如何建立平等的、真實的關係，與朋友、與家人、與愛人，都是如此。

這樣分析一通，你們會不會覺得人生從此可以是不一樣的風景？

磨難、痛苦，只能讓我們拿來當作墊腳石，當我們玩夠了，經歷夠了，就可以停止了。

那個時候，你回顧你的一生，沒有後悔，沒有怨言，有的只是對人性最深的理解和悲憫，對自己最深的接納和讚賞。

希望這是每個人的人生實相。

畢竟，親愛的，外面沒有別人。

05 改變根深柢固的情緒習慣

情緒的「個人責任制」

在最近的分享中，我越來越強調「個人責任制」——你所持有的情緒感受模式，會讓你在自己的生活環境、生命情境中，創造出符合你這種情緒模式的事件和人物，好讓你去感受到它們。

所以，當我們不喜歡我們感受到的東西時（自卑、悲傷、委屈、鄙視、自責、憤怒等），就會把讓自己感受到這些東西的人、事、物推開，或是想修正它們、責怪它們，反正就是找外面的麻煩。

因為改變自己行之有年、根深柢固的情緒習慣，是比較困難而且不舒服的（但是一旦改變，那就是一勞永逸地解放了）。去修正外面的人、事、物，不但有對象可以戰鬥（相較於和自己較勁），讓自己的生命增添各種色彩，而且可以責怪對方、製造各種戲碼，讓我們的存在更有感覺。

很多人不會平平靜靜地過日子，一定要在生命中製造各種劇情的戲碼，才覺得自己是活著的。但是，這種戲精，通常也不快樂。因為他們的各種關係一定比較緊張，工作連帶會受影響，而身體更會在一定的年齡之後，呈現出很多問題。

你的幸福有前提

在一次演講中，我苦口婆心說了半天這些道理，演講完畢開放問題時，有一個可愛的小女人舉手發問，投訴她老公。

她說在結婚前，老公還挺能賺錢的，婚後卻越來越不能賺錢，全家的生計都變成靠她一個人，然後她驕傲地說，她一年能賺到兩百萬。老公不能賺錢，她覺得委屈，語氣中諸多嫌棄。

我問她，為什麼不能接受老公就是這樣的人？她大聲回應：「可是為什麼我們結婚前他能賺錢呢？」我開玩笑說：「你剋夫吧！」

其實，這句話多多少少有點真實的成分。倒不是說她讓老公運氣不好、賺不到錢，而是她這樣強勢且自傲，可能在關係中會讓男人退縮——反正你會賺錢，你又那麼得意，那你就賺吧！我再怎麼努力都沒有用，你都不喜歡我，乾脆放棄。

當然，她老公的這種無力感，也是來自童年時期那種無論如何取悅母親都是無法如意的挫敗感，所以，「放棄」是她老公面對這種無力感、挫敗感的防禦方式。我也開玩笑地和她說，我就不介意我的男人不賺錢啊，他只要自己開心，對我又好，何必在乎錢是誰賺的呢？

她反駁說：「那是因為你有錢。」我笑了，我說：「我有錢，是因為我要的不多。今天我如果嚮往豪宅名車，喜歡珠寶名牌，那我會覺得我的錢不夠用。你自己那麼會賺錢，還想要更多，問題是在誰身上呢？」

在一開始演講的時候，因為是張德芬幸福研習社的主題演講，我問大家，是不是真的想要幸福，所有人都異口同聲地說：真的想要。那這個例子在這裡就現出原形了。你真的想要幸福快樂，為什麼在這件事情上「挑剔」呢？

顯然，這個小女人表面上執著於「希望男人賺錢」，但又希望自己能夠勝過男人、在能量氣場上碾壓自己的男人，陷在這樣的思維模式中，她離幸福就會越來越遠。但是她卻理直氣壯地認為，自己養家、男人不賺錢很委屈，她需要男人賺錢才會覺得幸福。

所以，她對幸福的要求，是有前提的——規定一定要在某種情境下，她才能幸福。所以，她是真的幸福嗎？

幸福與否在自心

我們每個人是不是多多少少都會在這種怪圈裡打轉？幸福需要條件嗎？我們看到多少先天條件不佳的人，把自己的生命活出了幸福。越是去到窮鄉僻壤，越能看到許多發自內心的愉悅笑容，所以，幸福與否真的不取決於外在的條件，而在於自己的心。

我們有沒有勇氣為自己爭取幸福，而不拿外面其他的人、事、物來說嘴？這個勇氣很難擁有。因為在個人成長的過程中，為自己的幸福負責，不推卸責任到別人身上，真的是最難的一步。但是我也一再說了，你去修正外面的人、事、物，而不在自己身上下工夫，你一輩子都會在這個怪圈裡打轉。

像這個小女人，如果有一天她老公賺錢了，她反而會覺得很挫敗，又會找其他的事來挑剔，因為在她內心深處，有一個小女孩，從小就是委屈的。很可能是爸爸重男輕女，沒有善待她，那個「被男人委屈」到的小女孩，一直在伺機報復，並且要證明自己比男人厲害。

結婚以後，她在夫妻之間複製了和爸爸的關係。而另一方面，在爸爸偏心待遇下長大的她，變得爭強好勝，想要勝過男人以證明自己，如果我們看不到自己內在這種糾結模式，就永遠會在外面打轉，無法幸福快樂。所以，老公不賺錢，只是她模式發作的一個藉口，不是這個也是別的。

這個小女人，可能需要去看到爸爸本身的局限，他不會愛人，只能用自己的模式來對待孩子。他認為女孩沒用，所以虧待了你，那是他的問題，和你好不好、值不值得被愛沒有關係。如果能夠在自己內心深處，和過往的創傷歷史做一個和解，那麼就不需要在成年後，再去複製同樣的模式了。

同時，如果她真的想要幸福快樂，而不是證明自己是對的、是更厲害的，那麼，就可以去看看其他的人在同樣的情況下，是如何過得快樂的。

是什麼阻擋了你的喜悅

我覺得這是一個很基本的工夫——如果你承諾，自己的幸福快樂是第一要務，而現在的你，在某種情境之下（像她的例子就是：老公不會賺錢，光靠我）無法幸福，那麼可以去看看別人，在同樣的情境下（現在很多家庭都是女人比較會賺錢），為何擁有幸福快樂？從這一點我們就可以看出來，無法幸福快樂的原因是在我們自己身上，而不是因為外境。

但是，有多少人擁有這樣的謙卑和智慧？我追求幸福快樂的方式，就是看看此刻我生命中，究竟是什麼阻擋了我的喜悅。如果是競爭比較的嫉妒心讓我不安，那麼我會自我調整，看清楚自己內心貪婪的匱乏，願意放下競爭比較。如果是索求不得，那麼我會調整自己的欲望和目標，更加順其自然。

我是一個欲望很強烈的人，以前的個性就是要什麼就非得到不可。可是後來經過很多年的觀察和磨練，我發現，以前我很想要的東西，有的時候竟然變成了我不想要的，或是我想要一個東西得不到，原來後面有更好的東西要給我。

經過多次的實驗和體會，**我終於越來越淡然地接受生命中的得與失**，因為知道，

太過計較得與失，反而會失去心中的那份淡定和喜悅。

真正地順其自然、順應情勢去爭取自己想要的東西，最後無論得到或失去，你內心的平安都在。

我學會的另一個重要的功課就是：你看別人不順眼的地方，都是自己的問題，沒有例外。

秉持著自我負責的態度，我不斷修正自己的內心，現在看不順眼的人就越來越少了。即使有，我也知道，解決的方案在我自己之內，那份了然和篤定，不會讓我著急地想要去控制外境，自然內心的平安就越來越穩定了。

希望更多的朋友加入自我負責的行列，早日找到自己內在永恆的幸福和平靜。

06

把自己看懂了，這世界就是你的

你時時刻刻都在為自己以前的行為買單？

面對生命中發生的事情，我們每個人都有不同的應對策略。應對策略是否明智，就決定了我們這一生是否快樂、富足、平靜。

所以，在做每個決定之前，面對不同的人、事、物時，我們的反應（回應方式）就非常非常重要。

最近聽到一個故事：

一個母親，因為老公外遇，傷心欲絕。她應對的方式不僅是離婚，並且在心理上開始疏遠他們唯一的兒子，最後甚至不想看到這個兒子，把他送到了國外讀書。

孩子年紀小，被寄養在外國人家裡，每個月付錢。這個媽媽非常有錢，但是極其節儉，所以她常常「忘記」寄錢給房東，房東就把冰箱上鎖，不讓孩子隨意吃東西。

這個母親選擇的應對方式是非常傷人又傷自己的——有些母親可能會做出相反的選擇：與兒子相依為命，更加親密。

而這個母親對待金錢的態度，也非常的無意識。明明很有錢，但內在非常匱乏，所以視錢如命。

她兒子在這種被父母雙方都拋棄的情況之下，也放棄了自己。有一次和同學夾帶毒品回國，被發現了，遭到通緝，他逃出國，從此不能回鄉。

在這種情況下，這個女人當然不會快樂舒服，她自己的種種選擇種下了讓自己不快樂的「因」，所以嘗到了「果」——她身患癌症，很快就病危，臨死之前都看不到自己唯一的兒子。

而她的親人在她死後才發現，她非常非常富有，但是平常和親戚來往卻從來不掏腰包請客，大家還以為她經濟非常拮据。

有一句話說，「菩薩懼因，眾生畏果」，說的就是：我們其實每天都在輪迴中——受到自己以前種種行為的影響（「因」），繼而在生命中不斷品嘗自己種下的「果」，如此循環，屢試不爽。

所以我們必須知道，我們時時刻刻都在為自己以前的行為買單，因此，三思而後行真的是非常重要。

把自己看懂了這世界就是你的

我們所有的行為，背後的驅動力都是想法和情緒，這兩者互為因果。

那個因為老公外遇而討厭兒子的女人，腦袋裡有一個想法是：我老公讓我受苦，我恨他，這個兒子是從他而來的，所以我也討厭他。

同時，因為她情緒上受不了被拋棄、背叛的痛苦，所以需要用憤怒、仇恨來化解自己的痛，因此，孩子就成了代罪羔羊。

然而虐待、忽視自己的家人，表面上看來消解了一些仇恨，其實自己心裡還是痛苦的。最後孩子也犯了錯，更加讓自己煩惱。

尤其是做母親的，內心不可能不愛自己的孩子，只是仇恨之心蓋過了母愛，因此造成了我們內在的分裂。生而為人，我們內心所有的痛苦都是來自內在的分裂，沒有例外。

所以我說過一句話，把你自己看懂了，這個世界就是你的。

問題是，大部分的人都像機械人一樣，沒有回看自己的能力，就像上面說的那位無名母親，完全不知道她的憤怒、委屈、痛苦，是有更好的方式來解決和面對的。

只要願意回頭看自己，知道自己內在被拋棄的痛苦，其實是來自童年被父母拋棄的痛，否則她不會脆弱到那麼難以承受的地步。

如果童年非常幸福快樂，沒有被拋棄之痛的人，在婚姻中遭受了背叛，她的反應不會如此之大。

如果能有一絲絲的意識和正知正見，她會知道，疏遠孩子是消解自己內心仇恨最不明智的方法之一。

而那些有錢捨不得花、刻薄自己和家人的人，也需要去面對自己內心的匱乏，而不是順著自己機械性的慣性繼續生活。

把位置放正了自己就舒服了

在生活中常常看到這樣的例子，但是我已經學會不去干涉對方了。因為你叫不醒一個裝睡的人，這些人知道自己有問題，但是他們就是不願意去面對，你作為一個旁觀者，即使是夫妻、兄弟、子女，也無法干預。

我們只能在他們想要得到幫助的時候，出手去幫一把。你如果看不慣他們，說明問題也是在你自己身上，把自己弄順了，看懂了，外在是不會有問題找你麻煩的。

我真的看到一個人絕大多數的煩惱都是自找的——都是自己內在已經不快樂了，而在外面的世界找到一個相對應的人、事、物，去「掛上」自己的煩惱。

如果你決心要快樂，不計任何代價，那麼：

第一個可以丟掉的就是面子——不在意別人眼中的自己是什麼樣子，因為你最清楚自己是誰，不需要其他人來定義你。當然，透過個人成長，你會越來越清楚自己是誰、什麼是對你有利的、什麼是有害的。

第二個你要放掉的就是控制他人的欲望——我們總希望這個世界按照我們需要的方式運轉，別人按照我們想要的方法做事、與我們互動。這個太自大狂妄了。

然而，還有一種隱晦的自大狂妄就是第三個，我們需要放掉的東西——對號入座的習慣。

很多人習慣性感到羞愧、內疚，覺得當初如果我們沒有那麼做，或是做了什麼，事情就會有所不同。檢討自己的錯誤是可以的，但是去承擔所有事情的後果並因此感到愧疚，就是自以為可以替代上帝了。

很多離婚的媽媽或爸爸，對孩子一直感到愧疚，因而使用一些不當的補償行為來消弭自己內心的不舒服，那些補償行為反而滋長了更多的麻煩，並且把孩子放在不對的位子上。

我們可以檢討自己當初貿然離婚的不當，但是不需要用過度補償去讓自己消除罪咎感。孩子是一個獨立的生命，他有自己的靈魂旅程，父母離婚很可能就是他既定的靈魂課題，我們自以為是地承擔罪咎，對孩子來說，其實是二度傷害。

也有些人因為親屬驟然離世，承受不了失去的痛苦，就會自責，覺得當初如果自己做了什麼或沒做什麼就可以改變一個人的「死期」。然而我們都知道，生死有命，這絕對不是我們能干預的，何不放過自己，臣服於命運，以慰死者在天之靈。

所以，把自己位置放正了，自己舒服了，是最重要的。周圍其他的人，都會因為你的「正位」而各就其位，中中正正地做自己。

而想要為自己造好的「果」，就要從小心每個決定和選擇的「因」著手。如是……

Part 2

成長的焦慮

01

當你有力量選擇真實，才有勇氣面對自己

選擇真實的勇氣，不是別人給予的

電影《無問西東》是一部非常好看的片子，裡面有很多金句，廣為流傳。其中令人印象深刻的一句是：「你怪她沒有對你真實，你給她對你真實的力量了嗎？」

這句話乍聽很有道理，我可以想像當面對我的孩子，它是非常適切的。

記得小時候，我對孩子的生活作息要求很嚴格，鑑於自己腸胃不好，小時候排便不正常，我要求孩子每天早上一定要上大號。有一天，當我們出去度假時，女兒騙我她早上已經上了大號，要出去玩。我發現真相後非常震驚，我感覺我在逼我的孩子對我說謊。

是的，我的種種嚴格要求和限制，的確會讓孩子對我不真實，因為我沒有給予她對我真實的力量和權利。所以為人父母真的要想一想，我們是不是在逼孩子說謊、不真實。

不過話又說回來，是否有勇氣真實，有時候也是天生的，這種勇氣和力量，別人給予不來。

就拿我的兩個孩子來說，我兒子跟我一樣，臉上藏不住事情，如果不真實，會很痛苦，所以他格外真實，什麼事情都會第一時間告訴我。當然，前提是他知道，無論發生什麼事情，媽媽最關心的是他的狀況，沒有其他。

二〇一七年他和同學去老撾當志願者，發生車禍，他第一時間打電話給我，我沒有抓狂，只是冷靜地問他怎麼樣，有沒有受傷。接下來就是關心他的心理狀態，沒有任何負面情緒加諸在他身上，只有關懷和支持。

別的家長可能心急如焚，自己加戲，演出一段心慌、意亂、擔心、譴責的戲碼，我不會。我讓兒子感覺非常舒服，只會願意和我分享心事。不過我的女兒就不同了，她個性溫和但是較內向，比較像爸爸。青少年時期，她常常對我說謊，後來我徹底改變態度，她就好多了。

然而最近我發現，她下課的時候會去餐廳打工，而且不想告訴我。原因是，怕我認為去餐廳打工是很無聊的工作，她應該去做一些比較有意義的事情，而不是純粹為了賺錢去做事。去餐廳打工是跟同學一起去的，比較好玩，她沒有告訴我。哥哥知道了跟我告密，我才不經意地在她面前提起，沒有露出一絲不高興的神色。

我的態度讓兒女都和我非常親近，但是我知道女兒真的不像兒子一樣什麼事情都告訴我，這和一個人的個性有很大的關係。

然而這句「你怪她沒有對你真實，你給她對你真實的力量了嗎？」我還是覺得有可商議之處。因為，它可能成為一個受害者的藉口。

當你有力量選擇真實，才有勇氣面對自己

於是我在微博上發了這一段話，測試大家的反應：

「你怪我沒有對你真實，你給我對你真實的力量了嗎？」如果是你的男人睡了別的女人被你發現了，拿這句話來回你，你會如何回應？

網友們的回答千奇百怪，有的很搞笑：

「那被你睡的女人給你力量了嗎？」

「你也沒給我真實的力量，我們都犯了一樣的錯誤，一直不知道如何坦白真實！」

「力量需要我給？你背叛我的時候，怎麼不需要我給你力量？」

「這種真實的力量都需要別人給你，你這是渣到爆了還是弱到爆了？」

「真實是對彼此的尊重，力量從來都不是對方給的，是自己對這份愛的堅定、包容……」

的確是，如果這句話用得不對，就會成為受害者拿來當藉口或是使壞的工具。真實地面對自己，有時候是不容易做到的。

所以我非常喜歡《靈性煉金術》的作者潘蜜拉幾年前在上海工作坊說的一段話：

「人生最大的痛，不是被其他人拒絕，而是對自己不真實。如果你能夠感受到你和自己的靈魂、自己的核心本質有非常深的連結的話，沒有人能夠傷害到你。人生最大的滿足和最大的喜悅不是來自其他人的認同和接受，而是來自能夠勇敢地做自己，勇於成為自己。」

其實我覺得，**我們所有的痛苦和糾結都來自無法和自己和解，不能接受真正的自己。**

前陣子一個閨密語重心長地告訴我，她小時候最怕成為一個平庸的人。

「現在呢？」我問。

「年過半百，我現在這個樣子，就是很平庸了啊！」她說，帶著微笑。

她選擇了與自己和解，接受現狀，所以能夠安然地退休，享受田園生活。

也許，你永遠無法成為想要的那個自己，但是，做真實的自己總是比較舒服的。

有些人離自己非常遙遠，因為，他想要別人看到的樣子，和他真實的樣子是有很大差距的。

因此，無論真相如何，他總是要擺出自己理想中的樣子給別人看，最終完全扭曲了自己的本性，也付出了巨大的代價——整個人越來越假，因為盔甲和裝飾品越來越厚、越多，連他自己都找不到自己了。那個真正的自己，已經消失在各種幻想和謊言之中。

所以莎士比亞在《哈姆雷特》的第一幕中，波洛涅斯對他兒子雷歐提斯的一句忠告就是：「尤其要緊的，你必須對自己忠實；正像有了白晝才有黑夜一樣，對自己忠實，才不會對別人欺詐。」

真實，是人生最重要的品質之一，這個力量不是來自任何人的給予，而是來自我們的勇氣——面對自己陰暗面的勇氣和誠實。

02

你情緒裡的刺，是小時候藏起來的委屈

如果你看不到自己的錯誤，就無法成長

二〇一八年之前的幾年間，我有三段比較親密的關係終結了——不全是愛人關係，還有朋友關係、工作夥伴關係。然而這三個人帶給我的感受竟然非常相似。

不！不！不！他們當然是三個截然不同的人，但是因為這些關係的戲碼都是我自編自導自演的，而我對親密關係的創傷模式是一樣的，所以我帶出他們身上的一些特質是相同的，而我跟他們碰撞之後，產生的感受，也幾乎是一樣的。

越來越覺得，如果我們不能夠為發生在我們身上的事情負起全責，我們就不能在生活中前進，也無法成長。

二〇一八年去上了 PoV（Psychology of Vision）願景心理學兩位日本老師栗原英彰和栗原弘美的課程，課上老師就說，在人生中（也適用於：關係、婚姻、工作

等），如果你看不到自己做錯的地方，你就無法進步。

所以，每當我們遇到不愉快的事情的時候，即使對方的確是一個非常離譜的人，我們也有需要負的責任。就是這樣不斷地檢討、改進自己，我們才有進步的空間，才能真正的成長。

然而，**大部分的人不願意去承認自己的錯誤，因為承認錯誤不但導致我們小我（面子、自尊心）受損，而且可能還要承擔我們不想面對的情緒**，比方說，自己不夠好、不值得。我常常說，苦都受了，如果不能夠因此而學習、改變，讓自己變得更加自由、解脫，那苦都白吃了。

所以，對於這三段關係的結束，我是做了很深的自省工作的。為了保護這些人的隱私，我無法詳細描述他們引發的我的痛苦和情緒具體是什麼，我只能說，幾乎是一樣的感受，而且是一種熟悉的感受，我從小就是在這個感受中長大的。

小時候缺愛的孩子，長大後會怎樣？

在上面的課程中，老師用一些練習帶出我們內在壓抑的情緒，我一直以為我自己的情緒是很流動的，沒想到還是壓抑了很多情緒，從童年就開始了。

小時候，當照顧我們的人（父母或長輩）讓我們期望落空的時候，我們通常會做一些重要的決定，這些決定可能是：我再也不要感受到這種感覺了，為了這樣，我必須做出一個相應的行為，來保護自己。

所以，五花八門的防禦機制就被我們建立起來了：

決定：我做什麼都受到責罰，所以，從此以後我做事都被動，而且小心翼翼。

感受：動輒得咎，我總會犯錯。

決定：父母讓我失望，所以，我從此再也不相信別人，始終懷疑別人的承諾。

感受：被背叛、辜負。

決定：父母吵架、打架，讓我驚恐不已，我決定以後不跟任何人起衝突，所以我隱藏自己，避免衝突。

感受：我的真正想法，寧可委屈、憋著，就是不能說出來。

決定：爸爸或媽媽無故責備、體罰我，我決定把對他們的感情凍結起來，愛恨一起打包放入心中的冰箱裡。

感受：沒有人理解我，他們如果看到真正的我，也會不喜歡我，所以我不能太敞開心扉給別人，因為他們會傷害我。

決定：爸爸或媽媽剝奪了我應有的一些權利，我決定，不讓任何人再侵占我的利益或剝奪我的權益。

感受：別人都是來剝削我的，占我的便宜的。

決定：爸爸或媽媽太難取悅了，我感覺不到他們的愛。所以我必須讓自己有用，並且做很多事情，才能換取到他們的愛。

感受：別人不會以我的本來樣貌愛我，所以我必須用付出來交換愛。

就這樣，我們小時候對這個世界的種種誤解，讓我們建立了自己在關係中的態度。為什麼是誤解？其實每一個孩子都有自己的獨特性和可愛的地方，父母沒能讓孩子感受到被欣賞和被愛，所以孩子就會誤認為是自己不夠好。

而事實是：有些父母根本沒有能力給出愛，他們自顧不暇，智慧不夠，意識層次比較低，根本不懂得怎麼愛孩子。

所以，我們帶著這樣的創傷長大，心中有一個（或幾個）「壞人」，首先就是自己不夠好，然後就是父母不好，虧待了我們，所以幾乎每個孩子都對父母有著他們沒有意識到或是不敢承認的怨氣。

這股怨氣尾隨著他們，進入親密關係中，因為親密關係是我們需要敞開心扉，最親近的，所以，我們常常把這股怨氣投射在親密關係裡，把對方變成我們心目中的那個「壞人」。我就常常被親密的人投射成「壞媽媽」，對我有著不成比例的怨恨，渾然忘了我曾經為他們付出了多少。當然，我在關係中，總是以大量的付出來換取愛，而對方顯然不會讓我失望，一定會變成我心目中的白眼狼——享受了我那麼多的好處，還是辜負我、不懂得珍惜。

最好玩的是，因為帶著這樣的創傷和感受，我們往往在親密關係中，會不自覺地創造、複製和父母之間的關係模式，渾然不覺對方只是個替代品、犧牲者和你的投射板。

最真實的你，都藏在壓抑的情緒裡

怎麼辦呢？

每當生活中，有人觸動我們的負面感受和情緒時，我們可以先放掉對那個人的批判和故事，甚至把那個人完全置身於你的感受、思維、情緒之外，只是去好好感受自己的情緒。

一開始，你當然可以分析它，看看它是小時候哪一個與父母互動模式產生的感受，試著去擁有它。因為我們常做的事就是推開這個讓我們不舒服的情緒，最好丟在別人身上讓別人為我們承擔。

當你能夠把與這個情緒相關的人、事、物暫時放在一旁不去理會，而只是靜靜地一個人看著它、守候著它，與它在一起的時候，它就能全然地表達自己。

想哭就哭，想叫就叫，想打枕頭就打，用呼吸在身體某個部分釋放它（胸腔、腹部、肩膀），讓它不與任何其他人、事、物牽纏地自然流動，它就自由了、釋放了。日後它再出現的時候，你就不會再害怕它、壓抑它、轉移它、躲避它了。

比方說，如果有人一直強迫你做不想做的事，出於禮貌、責任、面子，你無法拒絕，因為你受不了拒絕對方之後，心中那個不舒服的感覺（多半是自責）。試試看，準備好接受那種自責的感受，下次對方再提出同樣要求的時候，你就勇敢地拒絕一次，然後和自己最不想面對的愧疚情緒待在一起，看它會把你怎麼樣。

試一次吧。第一次的時候可能感覺好像要死掉了。但是，如果你不想這一輩子都在逃避這些情緒，因而把關係、事情、工作都搞砸了，自己也不快樂，那麼就勇敢地去嘗試並且練習吧。

海靈格大師說：「受苦比解決問題來得容易。」所以，對很多人來說，要等到受苦受夠的時候，才能去做。

沒關係，自由、解脫、喜悅、自在，永遠在這裡等著你，我們一起加油！

在我們身邊，然後想像爸爸或媽媽就坐在我們對面，並且默想：

「爸爸、媽媽，對不起，我拿取了你的傷痛，我太自大狂妄了，這件事讓我有很多困惑、傷痛和憤怒，但我是為了愛才做這件事的。請你原諒我，我以為我有能力這麼做，其實我根本不懂父母之間的議題，也不懂什麼是生命。」

然後試著把自己逐漸變小，身體、心、脊椎變柔軟，當你把自己變回一個孩子的時候，謙卑地說：

「對不起，我太傲慢了。現在我把這個箱子還給你，它太重了，而且根本不是我的。」

想像你把這個箱子還給等待已久的媽媽或爸爸，其實，他們一點也不想要你為他們背負這樣的重擔，他們一直都在等你把這個傷痛的負擔還給他們（在靈魂層面）。

楊瓏老師說，在沒有人生經驗的情況下，孩子根本不懂這樣做的後果。很多孩子覺得母親根本不關注自己，其實是因為母親自己在痛苦中，她在能量層面與你隔絕，好保護你，免得你被牽扯進來。

很多人不願意放棄這個傷痛的包袱，因為會覺得自己不重要了、沒有價值了。但是，當我們把這個沉重的負擔還回去了以後，不但不會加重父母自己的傷痛負擔，反而會讓自己從這個重擔中解脫了，宇宙會給我們好多恩典和祝福。而你自己，也可以用最好的狀態去和父母互動，在他們面前展現出喜悅、自在，讓他們舒服安適。

與父母斷奶的最高境界：不需要父母快樂

其實，當我們承接這個重擔包袱的時候，我們就與父母隔離了，因為有這個傷痛的包袱擋在中間，我們看不見真正的他們，雙方的能量是隔絕的。所以我常常說：做父母功課，**第一步是要做到，不追求父母的認可和讚賞**。清楚地認識到，也許這輩子他們都不會認可我們，何必去要求人家給我們他給不出來的東西呢？學習放棄自己的這個慣性需求，看出來它根本就不是我們生命的必需品，只是奢侈品而已。

第二步就是要做到，不期盼父母的愛。我們都是成年人了，需要做的是去學習愛自己，做自己最好的後盾和靠山，這樣才能夠認清一個鐵一般的事實：現在的我們，即使沒有父母的愛，也可以過得很好。

小時候的我們，無能為力，父母就是天，他們的愛對我們來說非常重要。但是此刻當下的我們，如果能學會自己愛自己，那麼就是天下無敵了。

而與父母和解、斷奶、「離婚」成功的最高境界，就是不需要父母快樂。

這並不是說我們不在乎他們快樂與否，而是，我知道他們快樂與否不是我能控制的，也不是我的責任——可能我們只是習慣性地想要討好他們，並沒有真正地做自己。

像我個人，就是盡我所能地讓父母高興、快樂，但是，當我盡力做好一切，你們還是不滿意的時候——

對不起，請你們把挑剔、苛刻、不知足留給自己吧。

我不接受你用不高興的臭臉或是感情勒索來綁架我，我不吃這一套。

用溫和的方式擺出這種態度，一段時間之後，父母自然而然知道：他的喜怒哀樂控制不了你了，感情勒索不到你了，他們自己也會成長，知道該怎樣用最有利於雙方的態度來面對你。

所以，那些拋不開父母愛恨情仇的成年兒童，可能需要好好做這個冥想練習，想像你把這個沉重的傷痛包袱還給父母，然後學習不尋求父母的認同和讚賞，不要求父母愛自己，最後，放下背負父母快樂與否的責任，最終，我們要讓自己過得快樂。

04

什麼樣的父母會造成孩子的「被剝奪創傷」？

為什麼總是有人覺得自己「被辜負」了？

有一次週末，我錄「時空心靈學院」的線上課。我雖然以前當過電視新聞主播，可是對著冰冷的鏡頭說話一直都不是我喜歡的，否則就不用離開主播臺了。

所以，我還是按照慣例找了一些現場的觀眾，請他們過來幫我烘托一下能量場，讓我有靈感、有動力講課。因為想過濾一下來的人，我們也是按照慣例收費。

結果因為同事的疏失，沒有告訴大家是錄製「時空心靈學院」的課程，有一些學員也報名來參加了。當然很多人的第一反應就是，這堂課他們其實可以看到錄影的，不需要另外花錢來現場。也有些人覺得，到現場看德芬，就像我想看到活的學員在我面前一樣，活著的、有溫度的德芬，還是能給他們一些不一樣的感受。

然而有一位學員就覺得吃虧了，不但寫信到我的微博投訴抱怨，而且在群組裡要求退費。我們做出了合適的回應，好讓她情緒能夠平復，畢竟也是我們沒有說清楚。

不過我看她的語境，就知道她是一位「童年被剝奪創傷」的受害者，所以我特意來談談「被剝奪創傷」的話題。

什麼樣的父母會造成孩子的「被剝奪創傷」？

首先就是，不公平對待孩子的父母。

餐桌上只有一塊肉，不會分成兩塊，就把一整塊給男孩吃，無視另一個孩子的感受。還有就是言而無信的父母，答應孩子要做什麼，但是食言了，同時忽略孩子的感受，不解釋、不彌補，孩子老覺得自己被辜負了，而父母「欠了他的」。

另外，就是不在意孩子感受的父母，什麼事情都是恣意妄為，不考慮孩子的感受，孩子就會覺得，他心裡依賴的父母是「不可靠的、會辜負他的」。

孩子長大以後，帶著這種創傷，嚴重的時候就會覺得「全世界都欠他的」「所有人都在占他的便宜」。

我覺得這類人最大的問題就在於「無法正面地看待自己的遭遇」，容易養成受害者心態。正因為老覺得自己被剝奪，眼睛只看到「別人對不起他的部分」，因此他們也缺乏一個讓人心態平衡、愉快、會帶來福報的最重要的特質：感恩！

你生命中真正擁有的，比你失去的更重要

就像上面那個學員，她寫信給我的時候，埋怨我只對著鏡頭說話，忽視了在場群眾（小時候被忽視的創傷發作）。

我是一個專業的播音員，我演講的時候覺知力也非常高，專注度是百分之百的，我當時看鏡頭的次數真的不多，一直在和現場的人交流。

我有一位外國朋友，當時在現場看我演講，旁邊有人翻譯，因為他不懂中文。結束之後他跟我說：「德芬，你演講的時候真的給出好多，我都可以感受到你慈悲能量的流露，你給的太多了。」

我的給出，不可能是給鏡頭的，一定是有「活體」在現場，我才能給，這是我需要現場觀眾的原因，但是這名學員接收不到（不懂中文的老外反而接收到了），因為她關注的焦點在於「我被辜負了，吃虧了」。

我們的課程只有一個小時，我講了一個小時四十分鐘，還回答了三個問題，最後我們全體還合了影，但是她也看不見這些多餘的好處。我的現場演講次數不多，大部分時候都有好幾百名觀眾，像這種小規模（不到一百人）的演講是比較特殊難得的，當然她也不會珍惜這個機會，因為她滿腦子都是「被占便宜了」。

事後，我和同事討論這件事情，我就提到了「被剝奪創傷」這個概念。同事說，她自己好像也會有。我笑著說，我也有，誰小時候沒有被父母辜負過？我最近其實剛好就在看自己的「被剝削」感。

我發現，我一直覺得「不公平的待遇」是不可以被接受的，而且發生在我身上的事一定要是好的，不能是倒楣的、吃虧的、活該的。

但是這兩年來，尤其最近幾個月，我在學習臣服的功課，就是看到自己活生生地被辜負了，被利用了，被占便宜了，心知肚明地坦然接受，並且放下。

不過這個學員的表現讓我再度回觀自己、提醒自己，要感恩珍惜自己擁有的，對於不公平的事情，我們當然可以據理力爭，但是要看到自己是不是「被剝奪創傷」發作，因此看不到自己生命中值得我們去珍惜、感恩的部分，這真的是和我們能否擁有一個快樂、滿足的生活有絕大的關係。

每個人都可以創造出自己想要的生活

所謂「據理力爭」，就是理性地告知對方我覺得權益受損了。但是背後沒有那麼多「被辜負」的感受和能量，不會像一個缺奶吃的孩子那樣去吵鬧、抱怨，而是真正地「據理」而爭。

外在的行為看起來可能是一樣的，但是我們自己心裡清楚，有沒有創傷發作的動力在後面。

如果有的話，就要先安撫自己內在的痛苦，把創傷平復了，再去爭取權益。這樣一來，不但讓對方比較舒服，解決問題也會比較有效率，自我感覺也會比較好。

感恩這個特質實在是太重要了。

我有一個朋友大中，挺有才華的，但是他個性孤傲，自以為是，晚年過得很不好。最近和另一個朋友談到他，這個朋友就說，他幫大中介紹了很多客戶，大中從來沒有說謝謝，一句都沒有。

我聽了就偷笑，因為大中也是這樣對待我的。甚至在我幫他介紹其他客戶的場合，當場對我說一些不專業、不禮貌的話。大中就是一個「把自己生命的福氣往外推」的人，也難怪晚景堪慮。

親愛的，我們目光的焦點放在哪裡真的很重要。就像我在懷孕的時候就看到滿街都是孕婦，現在卻一個都看不到一樣。

我們關注的領域、注意力所在的地方，真的會影響我們看待這個世界的角度，進而吸引來與我們關注的東西同性質的人、事、物——這是吸引力法則非常明顯的一個實證。

願你創造出自己想要的生活，而你的關注點／注意力就是創造的工具！

說出、同理、理解他的要求和背後的情緒。

比方說：孩子要到外面玩，但是已經晚了，考慮溫度、安全和作息等問題，你不想帶他去，他可能立刻大哭來抗議。這時，你就要先說出他的需求：

「寶寶想出去玩，現在就想出去玩，可是太陽公公已經回家了，我們也不出去了。寶寶很傷心，因為他真的很想玩。那這樣，明天我們找一個特別好玩的地方去玩，而且跟太陽公公說抱歉，好嗎？」

方法是：說出他的需求，同理他的情緒，提出一個「聽起來」很好玩、新鮮的建議（轉移孩子的情緒，同時也是給他臺階下，哈哈，小孩有時候也需要面子）。

現在很多做父母的，竭盡所能討好孩子，可是孩子最需要的，真的是「最好版本的自己」的父母，不是為了自己的某些教育原則，某些固有、僵化的想法，而無法真正快樂自在的父母。

我見過一個兒童教育專家，他有一個孩子，他用一種非常執著的教育方式帶孩子，自己累得半死，都不敢生第二胎了。

他可能從自己執著的教育方式中得到了身分認同（畢竟有一群人追著他學習），至於孩子需不需要兄弟姊妹，自己這麼辛苦能不能給孩子最好的自己，不是他在意的點。

我也認識一對夫妻，兩個小孩五、六歲了，不讓他們去上學，任他們為所欲為，所以兩個孩子非常野，無法無天，說白了，就是欠缺家教。

而且他們兩個人從來沒有假手他人照顧過孩子，也就是說，這些年來，他們其中有一個人始終在看孩子。可想而知，這對夫妻的感情是冰點，從來沒有高品質的相處時間。但是他們為了孩子，不離婚，這樣，真的好嗎？

像上面那一對「yes父母」，就是執著在選擇保姆、放不下心等事上，無法給孩子一個放鬆的、自在的父母。在我家吃飯的時候，從頭到尾媽媽沒有放鬆過，眼睛始終盯在孩子身上，這樣的愛，也是種負擔吧。

為了童年匱乏的自己，毫無原則地彌補孩子，這對孩子也未必是好事。對孩子這樣執著，在孩子身上尋找價值感，最後會變成依賴孩子對他們的依賴。

所謂的霸道女、媽寶男，就是這樣產生的吧！

如何教導孩子務實地面對現實

還有些父母，沒頭沒腦地天天給孩子當加油隊，孩子就是最棒、最好的，這也是在殘害孩子。（是的！）

這孩子長大以後，會特別討厭挫敗、挫折、打擊，容易罹患憂鬱症，別人不理解，還覺得：你父母對你都這麼好、這麼支持你了，你怎麼會得憂鬱症呢？

其實，那些滿口讚美、不斷捧高孩子的父母，就是在告訴孩子：你不可以輸，不可以平庸，也不可以比別人差。

在這種環境下長大的孩子，也著實可憐，壓力得有多大啊！

那麼，我們就不讚美孩子了嗎？孩子成績好、鋼琴彈得好、體育運動出色，不能讚美他？當然需要讚美，否則你又跑到另一個極端——「孩子永遠不夠好的父母」那裡去了。

怎樣適度地讚美孩子呢？你可以和他一同享受成功的喜悅、優秀的成果，但是，要讚美的是他的努力、付出、過程，而不是讚美他的天賦、表現。

讓他的認知焦點放在「我是有不錯的天賦，但是練習、努力和機運更重要」，非常實在地讓孩子了解自己所處的地方和位置，不會對自己有不切實際的期望和幻想。

從《心態致勝：全新成功心理學》這本書裡，我也看到一個很棒的故事。

九歲的小伊參加她喜歡的體操比賽，幾個項目都表現不錯，但是其他參賽者也非常有實力，最後總決賽的時候，小伊沒有贏得任何獎牌。如果你是小伊的父母你會怎麼做？

一、告訴她，你認為她是表現最好的一個。

二、告訴她，她被奪走了理當贏得的獎牌。

三、告訴她，體操其實不是那麼重要。

四、告訴她，她有能力，下次再接再厲就可以勝出。

五、告訴她，她的表現確實沒有資格勝出。

孩子挫敗了，一定覺得難受，她的情緒是需要你去認同、撫慰的，但是，任何不適當的言語處置，可能在長期效應來說，是有害的。

選一，其實你在說謊，對孩子沒有任何幫助。

選二，這是歸咎其他人，這個習慣可千萬別讓孩子養成。孩子需要自我負責，她的表現不錯，但不足以贏得獎牌是事實，不能養成把自己的不足歸咎於他人的習慣。

選三，這是在教導她，當沒有立即把一件事情做好時，就貶低這件事，或是放棄，你覺得這對孩子的心理健康有幫助嗎？

選四，這是最可怕的一個反應。你在鼓勵她做超出自己能力範圍能控制的事，高估了自己，對自己有不切實際的期望和幻想，終其一生，她都會在和這個期望較勁、奮鬥。

你想讓孩子這樣嗎？除非你自己就是「需要」孩子出人頭地為你爭光，這樣是不是太自私了？

選五，似乎這樣說有點殘酷，但是你可以委婉一點表達。

正確的方式是：

「親愛的，我知道你的感受，你抱了很大的希望，付出了那麼多的努力，又做出了最佳的表現，但沒能得獎，當然會非常失望。但你知道嗎，你其實還沒到可以得獎的火候，有很多其他人訓練的時間比你長，先天條件也可能比你好，遠比你還努力。如果這是你非常喜歡的事，就盡力去做，享受這個過程，再多努力一些，你可以但是不用執著在結果上。」

意思就是，如果是為了興趣，勝負就不重要；如果想要得獎，那麼，她需要更加努力。

這是在教導孩子如何務實地去面對現實，不妄自菲薄，也不妄自尊大，腳踏實地地去做自己想要做的事。

最後，小伊盡更大的努力，在下一次的比賽中拿了多面獎牌。最重要的是，她的心理素質獲得了提升。

你真的愛你的孩子嗎？

還是只把他當成為你自己加分的工具？

或是把你的恐懼投射在他身上給他增加心理負擔？

做個明智的父母吧！

06

父母只有兩種，一種是充電器，另一種是……

付出，就該有回報嗎？

一次見面會中，一位讀者舉手發問：

「我兒子今年二十六歲了，我每天做飯給他吃，還在財務上支持他，結果，他每天回家看到我就躲進房間，不想跟我說話，把我當瘟神似的……」

在場有人忍不住笑了起來。

我考慮了一下，希望用最不傷人的方式讓這位媽媽看到問題的癥結所在，但是，我是不會任由發問的人停留在受害者的心態而不去指正的。

我首先笑著問：「在場的朋友當中，是不是有些人的老公看起來也是把你當瘟神啊？你為這個家付出這麼多，他每次看到你都好像有些避之唯恐不及。」

我繼續說：「當我們真心誠意付出的時候，往往沒有看到自己的付出後面是帶著鉤子的，最可怕的就是，付出了以後，覺得自己理所當然應該得到相應的回報。接收方其實可能不需要你付出那麼多，或是，他就是自私地享受既得利益，並不想按照你想要的方式回報給你。然而因為你付出那麼多卻沒能得到回報，開始有了怨氣，就會在言語、行動上表露出來，讓對方覺得不舒服，所以只好躲避你。」

這位媽媽聽了以後，當然沒有太大的醒悟，畢竟「成長」這種事情，是隨著個人的福報和慧根而看效果的。

孩子那麼大了，她還把他當成小孩，剝奪他的行為能力（吃飯、賺錢），這個孩子享受既得利益，但是內心也是羞愧、不舒服的，加上媽媽每次見到他，肯定在能量上是非常需索的：

「你怎麼不關心我呀？你又去哪裡了？怎麼都不跟我說你今天做了什麼？什麼時候你會坐下來好好跟我說話啊？你怎麼看都不看我一眼啊？」

反正這樣的需索能量，就是讓人很不舒服，最終，孩子只能用「躲避」來面對自己的媽媽。

他內心肯定痛恨自己的「無能」，但是又真的不想或不能自力更生，只能活在這樣矛盾的關係中。

可以不原諒，不必記恨

每當親子關係有問題的時候，我總是認為，是家長教育的問題，解鈴還須繫鈴人。家長如果不能意識到自己的問題，只想借由外面的專家、老師甚至心理醫生來改變自己的孩子，那麼就是在逃避責任、不願意成長改變。

然而這種「願意付出的母親」已經算是很不錯的了，有些母親，可能覺得孩子就是來報恩的，從小就各種剝削，從來沒有善待過孩子。

我的一個朋友，從小就被母親當勞工使喚，弟弟就是被伺候的大老爺。她被繼父強暴了以後，告訴母親，她媽媽竟然說：「怎麼可能有這種事？你嫌我煩心事不夠多嗎？還拿這種事來煩我！」

反正天下母親無奇不有，這樣自私、惡毒的母親養出來的孩子，一定是很不快樂的。攻擊性弱的人，可能就是長年抑鬱，嗔恨心重的人，就會在自己的各種人際關係上製造衝突戲碼，好把自己多年來的怨氣發洩出來。

無論如何，他們的生命品質都是會受到影響的。而且在某種層面上，我們認為，和親生父母的敵對，會造成自己和家族能量的隔絕。

而我們歷代祖先傳承下來的家族能量，裡面肯定有許多美好的東西和來自摯愛親人的祝福，如果怨恨父母的話，就無法承接到這些美好祝福的能量和禮物。

有些父母真的不值得原諒，但是無論他們有多壞，都不值得我們怨恨。畢竟怨恨是一把雙刃劍，在想要傷害對方的同時，也會傷害到我們自己。

我知道很多人跟父母之間苦大仇深，很難沒有怨懟，但是可以試著在心裡秉持著我說的：「可以不原諒，但是不需要記恨。」

怎樣才能做到不記恨呢？這需要我們的謙卑和接納。

如果你覺得父母就是欠了你的，那麼很難沒有怨氣。覺得別人有負於我們，這是很正常的。如何化解，才至關重要。

認輸、認賠、認錯、認慫

如果你老覺得這個人對不起你，那個人虧欠了你，你如何能自在快樂呢？所以，我們需要在頭腦層面，吸收一些對我們有益的知識。

比方說，你願意接受「宇宙有一筆公平帳」的說法，父母對你不好，如果你不糾結怨懟，那麼此生你可能會有好的婚姻和孝順的子女。

某人對不起你，他不是有意的，也無法再傷害你，你是否可以心平氣和地接納這個損失？

我自己以前的個性是非常倔強、不服輸、不願意吃虧的。任何人侵犯了我的利益，我一定據理力爭，要他加倍償還。

後來開始個人成長，我立定志向，自己要的是快樂幸福，不是其他，於是我發現，我操練「認輸、認賠、認錯、認慫」是最能讓我快速得到幸福快樂的捷徑。

只有極度匱乏、自卑、空虛的人，才無法承擔任何損失。而這個理論也可以反著來：因為你願意承擔損失，所以你的內在、外在都會越來越充盈。

因為能量的流動是自由的，它會往「空」的地方走。我們不願意接受損失，去抗爭、去責怪，就讓我們有了防護罩的障礙，好的能量就無法流向你。

所以，既然吃了虧，如果能夠心平氣和地接受，也許就有意想不到的好能量流進來，帶來你真心想要的東西。

不過再聲明一次，**我們對於「過往的損失」，要試著心平氣和地去接受，並且看看自己應該負的責任，但這並不表示我們可以接受這樣的損失一再發生。**

就像和父母之間，小時候他們沒能對我們好，很多人就是不甘損失所以一直心懷怨恨。接受了這個損失，並不表示現階段我還要繼續接受他們的壓榨。

在合理範圍內，為了感謝你把我帶到這個世界上來，我願意為你付出一定的感恩。但是如果你的要求還是過分了，影響了我此刻自己家庭的福祉，那麼，很抱歉，我必須劃清界限，無法讓你再來需索、剝奪我。

面對父母，如果我們始終有一個想要討好、獲得認同、獲得肯定、獲得愛的需求，那麼我們很難中正地做到保護自己的利益，並且合理地回報父母的養育之恩。

最後想和大家分享最近聽到的暖心故事。

我朋友跟我形容她過世的父親，是她的「充電器」，我聽了覺得這個形容非常具象——而什麼樣的人會是我們的充電器呢？

首先就是雙方之間一定是有愛的，其次對方一定是不批判、無所求的。當你能夠在愛中被一個人全然地接受和愛護，那麼那個人肯定就是你的充電器。

同樣身為父母，有人是瘟神，有人是充電器，這個大千世界真是無奇不有啊，哈哈。

Part 3

親密關係的焦慮

01

無論結婚還是單身，幸福都不依賴別人

為什麼越來越多的人，不想結婚了？

現在不婚率越來越高，大部分都是女人不願意結婚。她們是聰明的。這個社會對於女人還是有很多不公平的期望和待遇，難免讓有條件的女人駐足不前。

所謂「有條件」當然是在經濟上獨立自主，不需要靠男人生活。如果父母不催促逼迫，自己也沒有心理上、情感上的安全依託考慮，或是急於想要生孩子的打算，那自然就會一拖再拖了。

印度上師薩古魯是主張不婚的，他認為一個人可以好好地過，何必和一個愚者同行。但是他也尊重婚姻制度，他說，如果在經濟上、社會上、家庭上、生理上、心理上，你有一定的需要的話，那麼就結吧，但有智慧的人是不會結婚的。

我覺得可以這樣解釋：

對不認真的修行人來說（只在表象上下工夫的修行人），婚姻是最好的磨練他們的道場，也是會讓他們原形畢露的領域。

對認真、全心投入修行的人來說，婚姻中的種種責任、罣礙、牽纏，的確會影響他們修行的進度。

那對「普通人」來說，為什麼需要結婚呢？

除了養兒育女、家庭傳統觀念、社會價值觀的需求，很多人也需要把自己的心思、情感，掛在一個地方。

如果那個地方是一個人，我們就會想要安全、可靠地保有這個人，因為我們的情感、心思都在他那裡。那麼，結婚似乎是一個好主意，把對方套牢，名正言順地讓他只屬你一個人。

你童年的創傷，會在婚姻裡被「激發活化」

然而結婚之後，卻多了那麼多的義務、紛爭，往往令人措手不及。有些紛爭是因為從單身一個人，到突然需要面對兩個家族，以及日常生活的瑣碎事情導致的。但大部分的紛爭，最後都是因為「婚後童年創傷爆發應激障礙」，這是我創新的名稱，不過大家應該不難理解它是什麼。

那就是，**結婚以後，兩個人關係一旦穩固，各自童年經歷的創傷，以及和原生家庭父母關係中的痛點，幾乎都會在婚姻裡被「激發活化」**。

人類大腦的發展，是從爬蟲類的腦（腦幹），到哺乳類的腦（腦邊緣區域和腦幹加起來統稱舊腦），然後進化出大腦皮質層（新腦）。

舊腦負責直覺、本能、情感等直接等反應，而新腦是掌管理智的。人們親密到一個程度，新腦就不由自主地會懈怠、鬆弛，任由舊腦掌管我們在親密關係裡面的行為和反應。

這說明了為什麼有些人總是把最惡劣的一面呈現給最親近的人看，在外面人模人樣的，回家後的嘴臉和在外面的嘴臉就完全不同了。

舊腦儲存了童年的各種記憶，尤其是不美好的、痛苦的、受傷的，所以，在親密關係中，我們會被伴侶激發起童年時候最痛的傷口（通常是父母造成的），並且以童年同樣的應對模式，或是童年想要，卻沒能或沒敢做到的方式去回應對方。因為當我們的新腦罷工的時候，舊腦分不清此刻在我們面前激發我們情緒的，是那個童年為我們帶來巨大傷害和失望的父母，還是現在不小心觸碰到你地雷的無辜親密愛人（甚至是路人）。

這個時候，新腦通常是進入休眠狀態的，分不出青紅皂白真可惜。

所以說，我們總是不由自主地在親密關係中，重現童年和親密大人的互動模式，如果模式健康、正常，那就沒問題。如果不健康，甚至病態，那麼這個孩子長大以後，就會不自覺地在親密關係中，重複同樣的模式。

一方面是他認為，這就是所謂的親密；另一方面是因為，他的舊腦儲存了童年的各種記憶，尤其是不美好的、痛苦的、受傷的，內在，可能需要重新給自己一個機會，去療癒童年未能面對、接納、了結的傷痛。

比方說，對父母有很深的怨怒的人，都會不自覺地在親密關係中，把怨氣帶到配偶身上，結婚一段時間之後，甚至看到對方的身影都會覺得厭惡，更別說什麼親密的舉動了。

這就是婚姻中最糟糕的磨合期，其實過了這一段，也會有柳暗花明的時候。

小時候被父親冷落對待的女孩，長大以後可能會有自虐傾向——始終對追求她、對她有興趣的男人無感，而會被冷漠、高傲的男子吸引，重複在父親身上得到的那種被冷落、忽視的痛苦。

因此，我的觀點是，除非是那些命中姻緣很好的人，否則，把心思、情感、存在感全部放在親密關係上的人，是最為得不償失的。

你可以想一想，如果花同樣的精力、時間在「非人」事物上，也就是說，用心去學習一門技術，研究發明一種產品，發展事業，建立一個實體的東西，鍛鍊雕塑自己的身體，那麼你的收穫是非常可靠、實在而且有保證的。

真正的成長，是不依賴別人提供幸福

但是為什麼那麼多人前仆後繼地進入婚姻呢？

前面說了，這是因為諸多不同的需求所致。那麼，有什麼辦法讓「婚後童年創傷爆發應激障礙」的現象能夠減緩呢？

當然，我們會說，自己需要成長。如果你能脫離自己孩童時期的那種受害感，認可自己已經是成年人了，要為自己的行為、言語、感受負起大部分的責任，那麼，這種應激障礙就會獲得減緩。同時有意識地讓自己的「新腦」在每次衝突中發揮作用，不要打烊了，這也是很有幫助的。

我當然鼓勵大家多去我們空間裡面，選擇學習各式各樣的心靈成長課。但是根據我多年來的經驗和觀察，上這些課程，只有在自己「決心要改變」的前提下是有效的。

很多人為了婚姻問題來上課，其實，是想學會改變對方的招數，這種情形，就會造成表面上的改變，借此來「誘發」對方的改變，如果一段時間之後，對方還是不改變，就會埋怨說，我都成長了、改變了，怎麼他還不變啊？

親愛的，這不是真正的成長。

真正的成長——尤其是有助於婚姻的成長，是認清你無法依賴任何人「提供」給你幸福。

你必須去尋得自己的「一手幸福」，找到那種情感上不依賴他人、能夠自給自足的快樂。

單身幾年以後，我終於感受到了「大齡剩女」都是自願留營的感覺：

因為沒碰到讓你覺得值得為他犧牲單身快樂的男人，所以寧可單身，這種狀況是最美的，不是嗎？

02

婚姻裡的一大誤區，是把伴侶當爸媽

婚姻裡的一大誤區，正在扼殺你的關係

婚姻最困難的部分就是，雙方都成了對方原生家庭問題的投射板，我們會不自覺地把自己和父母之間的問題，複製到親密關係中。

比方說：如果你的脾氣本來就不好，小時候又常被脾氣也不好的父母斥責，那麼，你就會對伴侶的責備口氣特別敏感，容不得對方一絲的口氣不善。

於是，當對方說話有一點不耐煩或帶有一絲指責味道的時候，你就立刻反彈，久而久之，當初結婚前的濃情蜜意慢慢消磨掉了，對方會覺得你怎麼這麼煩人，隨便說你一句都要生氣。而你會覺得，對方一開口，甚至不說什麼具體的事情，只要聽到他說話就開始反感了。

問題在哪兒？在你那顆玻璃心。

如果你的伴侶偏偏是個比較硬、比較死板的人，不太會用開玩笑或輕鬆的方式和你溝通一些比較敏感的問題，那你們的感情就會每況愈下。

如果小時候你的很多權利都被剝奪，父母根本不考慮你的需求和立場，那麼，你就會對伴侶不體貼或是不寬厚的行為特別敏感，總是有「被剝奪」的感覺。

於是，伴侶不體貼、不為你著想的種種行為，就會被你無止境地放大，作為一個攻擊他的藉口和武器，甚至會造成離婚的理由。

記得有一次我和前夫出去吃飯，在飯桌上我覺得冷，我告訴他：我好冷哦。他看我一眼，自顧自地和朋友說話，完全忽視我。後來回家的時候，我在他車上看到一件外套，這件事情讓我很心寒，心裡對他逐漸不滿和疏遠。可是有一次我說給一個朋友聽的時候，他說，你是成人了，自己冷不冷為什麼要別人幫你負責？

是哦！為什麼我們總是不自覺地把伴侶當成我們的父母，要為我們的衣食冷暖、喜怒哀樂扛起責任來？

這是婚姻中的一大誤區，扼殺了多少良緣。

你的伴侶，可能成了你小時候的代罪羔羊

如果小時候父母對你控制非常嚴格，全方位控制你，長大以後，你會有害怕「被吞沒」的恐懼，於是形成反依賴人格，不喜歡和伴侶太靠近，總覺得對過度親密的感覺有種說不出的恐懼感和不對勁。即使伴侶的正常關心和問候，你都會覺得對方是在控制你。

於是，你會把小時候無法做到的事情做出來：迴避、叛逆、反抗，就是要宣示主權，老子是自由的，你少管我。

或許，你會對電玩、手遊更有興趣，當然，外面的女人／男人對你也更有吸引力，因為外面的「得不到」，是比「完全得到」對你來說更有趣，也更安全。而伴侶因為抓不住你，感覺你逐漸在疏遠他，他會更驚慌地想要靠近你、琢磨你、抓著你，惡性循環就開始了。

如果小時候父母對你挺好的，但都是完美主義者。你拿回家九十八分的考卷，他們會問你：「那兩分到哪裡去了？」對你的一舉一動、一言一行、穿著打扮，他們都要評頭論足地干涉，最後就是：你對自己看不順眼，因為從小就沒有被看順眼過。

好了，結婚以後，你可憐的另一半就成了你的投射板。你對自己所有的不滿意終於有一個出口了，有一個對象可以承接了。

於是，你看老婆披頭散髮的嫵媚樣子就不順眼，紮起頭髮才舒服。穿短裙很難看，穿長裙、長褲才端莊。

老公吃飯的樣子、剔牙的方式、坐姿，甚至走路的姿態，也都會遭到嫌棄。這就是不折不扣的代罪羔羊，你成了小時候的你父母，而伴侶成了小時候的你。

關係中感受最重要，道理其次

這只是幾個比較典型的例子，我來說明一下它們的根源是從哪裡來的。我們大腦的發展，是逐步生成的：

先是爬蟲類的腦，主管直覺反應；

然後是哺乳類的腦，主管情緒；

最後才有大腦皮質層，也就是掌管人類理性思考的新腦出現。

小時候，我們的舊腦就已經很發達了，在記錄、觀看、運作所有生活中的大大小小的事件。理性的新腦，是在我們長大之後才慢慢懂得和學習如何去運用的。

所以，我們和父母之間的糾葛、創傷、未完成的事件、壓抑的情緒，都是在舊腦裡面。在應對外面不是很熟悉的人的時候，我們的新腦——理性腦，會運作得非常好。對大部分人來說，除非你和他非常熟悉，或是真的狹路相逢惹毛他了，他才會直接用舊腦反應。

當進入一段親密關係，雙方熟悉到打嗝、放屁都可以不避諱的時候，只要不帶著覺知和有意識的覺察，通常就是由舊腦在操控自己的慣常反應。

於是，你會不自覺地把對方當作小時候的父母，移情、投射一堆東西到對方身上，渾然不覺是自己的錯。我就經歷過這樣的過程，沒有覺知的時候，看對方就是不對勁。當自己心態轉變了以後，對方的行為就不再困擾我，不構成問題了。

所以在 PoV 願景心理學中就說，我們需要在婚姻中看到自己的錯誤，才能有改進雙方關係的機會。

我自己認為，每次吵架的時候，誰先認輸、認錯，誰就是真正的贏家。也許你會說，明明對方無理，我這樣是不是會寵壞了他？其實不會。重要的就是在爭執的當下，你先緩下來，讓大家氣都消了，再來論理。

只要心中有底氣、有界限、有尺度，率先道歉的行為，就是勇者的行為。關係中，感受最重要，道理、對錯絕對是其次。多麼痛的領悟！

03

你自帶的「情緒牌」，決定你吸引怎樣的伴侶

在我的抖音、微博和微頭條總有很多私信，一些悲苦的人會寫信向我傾訴他們的痛苦——工作上的、關係上的（父母、子女、伴侶、朋友）、心理上的，人間疾苦看來真的很多。

然而我也相信，有一些人和這些人處境可能一樣，但由於比較樂觀、開朗，所以他們對人生的橫逆比較能夠泰然處之，就是我們說的沒心沒肺（天生出廠設定就比較良好）、沒事就喜孜孜的那種人。

所以我一再強調，**悲和喜，其實是由我們的內建程序所決定的，每個人都是從那裡出發，帶著自己的濾鏡去看外在的世界，也帶著這種「情緒基調」去過生活。**

就好比說，我們拿著不同的情緒牌：悲傷、愁苦、失望、憤怒、失落、自卑、委屈、遺憾、愧疚、自責……

在生活中，看到「合宜」的事件，我們就把牌子掛上去，好讓自己感受到那塊牌

子上的情緒。沒有那塊牌子，即使有相對的「外境」你也不會感受到那種情緒。

比如，有一次我的兩個女朋友玉竹和曼玲同時遭到背叛，但是她們的主要感受，竟然毫不相同。

玉竹和培良第一次見面就天雷勾動地火，玉竹忠於自己的內心，拋家棄子和培良在一起，培良卻一直離不了婚。玉竹還出錢資助培良搖搖欲墜的事業，堅信培良可以成功。

曼玲則是天之驕女，也無奈成為王杰的小三，同樣也是支持王杰的事業。

後來玉竹發現，培良原來瞞著她一直和數個女人保持肉體關係，玉竹崩潰了。而曼玲則是發現王杰居然在網上和別人聊天搭訕，也是崩潰。

不過好玩的是，兩個人的反應非常不一樣。

玉竹的主要情緒感受是被辜負、被利用、不被愛。

而曼玲的反應則是羞辱、挫敗。

我問她們，小時候誰給過她們這樣的感受，而且一直無法化解？她們異口同聲地說：母親。

每個人得到的戲碼「劑量」，都恰到好處

玉竹小時候就是個惹人疼愛的孩子，她特別努力，就是希望能讓媽媽開心。可是媽媽不但不開心，還常常罵她、控制她，不讓她做她想要做的事情。所以被辜負、被利用、不被愛，是玉竹內建程序的主要牌子。

曼玲則是聰明伶俐又漂亮，媽媽對她諸多要求，她再怎麼優秀都不夠，總是達不到媽媽的標準，她覺得備受羞辱和挫敗，所以，這就是曼玲的主要情緒牌。

長大以後，曼玲收集了一堆名校的經歷，脫離家族自己創業，就是要證明自己夠好。但是無論她多成功，那個「你不夠好」的羞辱和挫敗感，就像魔咒一樣尾隨著她。

兩個女人都優秀聰明而且有一定的智慧，我一跟她們說這個道理，她們就懂了。如果不是我們自身配備了這種情緒，怎麼可能發生同樣的事情，兩個女人的反應完全不一樣（雖然表面上看起來都是傷心悲痛）。

所以，問題不在兩個男人身上，而在她們自己身上。

如果她們今天逃避面對這種情緒，那麼日後，還會在生活中想方設法找出（或創

造出）「相對應的事件」，好讓自己的情緒牌有地方掛。

對應的方法（雞湯勺子來了）如下：

我建議玉竹，如果在生活中，再碰到類似的情緒升起（被辜負、被利用、不被愛），她要很警覺地看到它們，並且知道，這種情緒的出現，自己的責任遠超過那個看起來引發她這種情緒的人或事。

玉竹當然知道，她的生命中，培良只是激起她這些情緒的人之一而已。她從小到大無數次，都在面對這種情緒，對它絕對不陌生。

以前玉竹可能會用盡全力地付出來換取愛，並且積極地捍衛自己的權益以免被利用辜負，當然這樣更會為她的生活和人際關係創造緊張。

今後，當她再碰到這種感覺的時候，我請玉竹和這個熟悉的感受打一個招呼，看到它其實是自己內建程序創造出來的一個虛幻的東西，不是真實的事實。帶著這種理解，去看外在那個好像是勾起這種情緒的「元兇」，可能就會有不一樣的眼光了。

久而久之，玉竹的生活品質、快樂水平以及人際關係，都會有大幅度的提升。

曼玲也是一樣。每當有挫敗、羞辱的感受升起時，不要急著去罵下屬、責怪別人

（這是她慣常的逃避方式），而是先好好和自己的這種感受待在一起，看著它，知道它也是一種虛幻的被造物，和外面的人其實無關。

持這樣的態度再去處理外面的人、事、物，曼玲的情緒起伏就會比以前小很多，而且，不會像以前那樣瘋狂工作、要求完美，以逃避羞辱和挫敗的感受了。

不過，宇宙「製造」事件的方式也很好玩，我發現它給每個人的戲碼的「劑量」，都是恰到好處的。

像曼玲的遭遇，如果放在玉竹身上，可能不足以引起玉竹那麼大的反應，所以玉竹需要比較「重口味」的多重背叛。

而曼玲因為年輕，加上比較心高氣傲，一個網上聊天就足以引起她情緒崩潰，所以就不需要重口味的真實行動了。

這種情形在我周邊生活中屢見不鮮，每個人的「劑量」都剛剛好，不多也不少，讓我讚嘆宇宙創造之巧妙。

你怎麼掛你的情緒牌？

有一次，我認識的四個女人（都是已婚婦女）均為婚外情所苦，症狀也都差不多：明明知道對方不好或是不合適（對方也都已婚），但就是放不下，幾乎都有憂鬱的徵兆和想自殺的念頭。但是每個人的「劑量」都不一樣。

劑量是什麼意思？就是勾引這四個女人「上鉤」的劑量是完全不同的。

A的男人是愛情高手，甜言蜜語專家，更是一流的演員，完美的分裂人格，讓A毫無招架之力地墜入情網，旁邊不知情的人都以為A是被深深寵愛著的。

B的男人是個藝術家，浪漫悲苦的氣質很讓B著迷，但是他對B的感情不深，別人都看得出來他在利用B，甚至他直言，和B在一起就是為了她的錢，B卻身陷情網不可自拔。

C的男人是冷感型的，比較酷，對C若即若離，讓C抓狂。C幾乎要為他離婚，但是實在找不到理由離，因為C的男人的感情始終飄忽不定。

D的狀況最為離譜，對方連她的手都沒碰過，兩個人只是通通信件，D就已經愛得死去活來、重度憂鬱了。

所以，A對B、C、D的三種男人都是免疫的，不可能上鉤，宇宙就會創造出一個「完美情人」給她，讓她深陷泥沼；而D的需求門檻最低，只要有個幻想對象就可以愛得轟轟烈烈，所以劑量最低。

為什麼宇宙要這樣創造？其實都是她們自己潛意識裡的「需求」所致，她們都需要體會兒時的創傷，好在現在成人的狀態下（情緒比較成熟、資源比較豐富）獲得療癒。

在上面的案例中，A和D都獲得了重生，走出了感情創傷，活得更加燦爛。C也抒發、穿越了童年時的一些傷痛，現在活得更加自在。只有B選擇逃避，投入事業中，用更加堅硬的外殼把自己包裝起來。

親愛的，你的情緒牌主要是什麼？

需要你投入到相應的戲碼、劇情中，借此激起創傷的劑量又是多大？

對號入座看看吧。

希望大家都能夠走出自己慣性模式的控制，看清楚情緒創傷的虛幻，不再受它們控制。

04

為什麼你的愛情，總在重演原生家庭的錯誤？

你的親密關係，重複著和父母的相處模式

我的《愛父母的最高境界：不承擔他們的痛苦》引起了很多朋友來自心靈深處的響應，留言都是大段大段的，說明這個話題真的觸動了大家的內心。

很多朋友都直言，遭到了父母的情感勒索綁架，我也在文章中說了怎麼去面對應付，但這是一段漫長的旅程，內心要有足夠的力量，才能夠對父母的意見、狀態，真正地免疫和放手。

我們來繼續探討原生家庭的問題。

首先要說的就是：我們幾乎都不可避免地在親密關係中，重複和父母之間的相處模式。

有些人就是會找和自己父母性格、處事方式都相同的人做伴侶，而有些人則是把

對方變成和父母一樣的人，最終就是要去體驗和父母相處時同樣的感受，這是我們靈魂的計畫之一：希望我們能夠修復童年的創傷，讓自己成長進步。

阿瀚是個非常優秀善良的男人。他的第一次婚姻，因為老婆外遇而收場；第二次婚姻，居然也發生同樣的事：老婆愛上別人，要和他離婚。

一時間，他自己有短暫的醒悟：一定是自己哪裡出了問題，才會遭到同樣的待遇。可是阿瀚和大多數人一樣，無法直視、面對自己的問題，只能繼續無意識地隨著命運的軌跡往前走。

離婚兩次以後，他不敢輕言婚姻，交了一個各方面條件都遠遠不如他的女朋友小紅。潛意識裡阿瀚可能覺得，這樣的女人就不會再拋棄他了吧。

兩個人剛開始談戀愛的時候，小紅處心積慮地討好阿瀚，因為以她的條件，阿瀚真的是天降男神，是太不可思議的好運了。但是當兩個人關係穩定了，小紅抓住了阿瀚的喜好、習性之後，情勢就逆轉了。

小紅變成了阿瀚的女神，阿瀚討好、奉承、尾隨小紅，讓人看得一頭霧水。不但如此，小紅因為阿瀚隨侍在側，變得狂妄自大，每每在人前不給阿瀚面子，有一次還當眾把阿瀚罵哭了。

只要你願意改變，就可以做到

在這樣的凌虐關係裡，阿瀚為何不離開？這當然和他頑固、不願意變通的個性有關。

而我們看看阿瀚和媽媽的關係，就知道為什麼他會選擇在親密關係裡做弱者了。阿瀚的媽媽是個非常願意付出的職業婦女，但是要求也特別高。阿瀚在媽媽面前是被閹割的男人，不敢直言自己的想法。面對母親的強勢，阿瀚只能討好、收斂，心中「強大母親的形象」，就是他擇偶的標準。

所以，即使找了條件那麼差的女友，對方一開始還非常曲意奉承，但他也會把她捧得高高的，自己對號入座一個「卑微」的位置，好讓對方符合他心目中母親的形象。當然，對方也會「配合」演出，重複他母親對待他的模式，對待他的態度真是前後判若兩人。

這種潛意識運作的動力，時時刻刻都在生活中影響我們的抉擇，繼而創造我們實際的生命經驗，也決定了我們在生活中體驗到的究竟會是什麼。

我的親密關係，也多多少少重複著和父母的關係模式，我現在也是一直在看，在學習，在改。

首先就是要領悟到自己受到舊有模式的捆綁，因而做出了相應的行為，而這些行為對我們現階段的關係是沒有好處的。看到了之後，下定決心要去改變，才能夠獲得真正的自由。

我們常說，知道和做到之間，是世界上最遙遠的距離。但是，只要你肯改變、願意改變，知道就可以做到。

比方說，我在親密關係中，其實是傾向於對男人過分屈從、討好和依賴的。另一方面，我天生就是有女王架式，做事、說話、決斷力其實都比男人強過許多。如果我貶低自己，想要讓我的男人做主、出頭，他們反而無所適從。

因此，我現在就在不斷學習、揣摩、演練，如何一反自己過去親密關係中的依賴習性，更加自主而且歸於中心，好讓親密關係能夠更加順暢。

也就是說，我過去的親密關係模式，以及對待男人的態度和方法，分明是有問題的。而我現在也知道問題出在哪裡了，所以會帶有覺知地去改變。

面的條件都差得挺多，所以秋華的媽媽在家裡沒有地位。雖然秋華的成長過程被呵護備至，但是出於對媽媽的愛和忠誠，她在婚姻中不知不覺重複了母親的模式，感受到了母親一直以來的感覺。

秋華需要放下對媽媽的責任，不要因為感受不到老公的愛就放棄自己。她應該寫點文章（她有文采），多多打扮、建設自己的內外，培養自己的興趣，不再把眼光都放在「那個男人到底愛不愛我」上面。

阿杰很無奈地跟我說，他還想跟秋華生第三個孩子，而且自己是個非常顧家、負責任的男人，為什麼秋華老是找他麻煩，弄得家裡雞犬不寧？

我告訴阿杰，他在言語上和情感表達上沒有做好。秋華在家帶孩子，越來越沒自信，他應該多讚美、感恩她，而不是處處挑剔她家務做得不好。

阿杰自己能幹，內外兼顧，讓秋華更覺得自己沒用。他們兩個人需要進行一個良性的循環，改善現在水火不容的婚姻。

親密關係，真的和原生家庭的關係密不可分。

05

這三種「隱形傷害」，正在消耗你的婚姻

親密關係裡，語言攻擊有多傷人？

有一次看到一個白百何的訪問，她坦承當年和前夫在一起的時候，曾經給過他一些打擊。

他的作息都是晝伏夜出——白天睡覺晚上工作，她很不能接受，因為孩子還小，所以不能常常見到爸爸。

他說，演唱會壓力大，沒辦法。白百何就說：「別人開演唱會怎麼沒有像你這樣啊？你做不了就別做了！」

在訪問中她流下悔恨的淚水說：「這句話，真的很傷很傷他。」

這是一個很典型的語言攻擊——當我們受了委屈，或是想要對方改變的時候，我們不說出自己的真正感受，反而用攻擊的方式去表達，好像我對了，你錯了，我聲音

比你大，理比你足，你就會改變了似的。

遇到負面情緒就實施語言攻擊，甚至人身攻擊的人，親密關係通常會處不好，除非另一方是忍氣吞聲的受氣包，特別包容、寬待你。

這種行為模式的程序，一旦形成，就很難改變，尤其是對自己最親近的人，最容易發作。

我們可能會把小時候在父母那裡受到的委屈和累積多年的憤怒，趁著自己模式發作的時候全部投射到對方身上，長此以往，感情就傷了。

所以，關注自己的反應模式，如果是典型的遇到挫折、傷害、損失、憤怒的時候，就一定要夾槍帶棍地攻擊對方要害、勝過對方、讓對方不舒服，那可能就需要在這一塊多多成長改變了。

怎麼改變呢？當然就是從不知不覺（渾然不知道自己在用攻擊模式回應對方，只會讓關係更加惡化、事情更處理不好），到後知後覺（攻擊完了以後才覺察到自己又往雙輸的方向去了），再到當知當覺（正在攻擊的時候，發現自己的老套路又來了）。

最後，你會進步到先知先覺——正想說什麼去挽回面子、傷害對方、碾壓對方

的時候，停在那裡，處理一下自己的負面感受，然後再理智不帶責怪地說出自己的要求。

問題就是，很多人即使知道自己的溝通方式有問題，也不見得想要改變。白百何如果知道，自己直來直往的脾氣，會對婚姻、家庭以及雙方的事業造成多麼大的傷害的話，也許會想要改變。

當然，也許她前夫的缺點不僅是晚上不睡覺而已，但如果在和這樣的人磨合時，能改變自己的溝通方式，對於人際關係、下一段親密關係和事業前途，都會有很大的加分，最關鍵的是：自己幸福指數的暴增。

所以關係、婚姻中，包容、接納真的好重要。晚上不睡覺的伴侶，的確非常令人頭疼，我們碰到這樣的人，只好用他來修煉自己，學會接納世間的不完美。

被動式攻擊的伴侶，最好不接招

遇到用言語暴力攻擊的親密伴侶，我們需要立刻回到自己的中心，最好是離開現場，讓雙方都平靜下來。

之後一定要檢討，大家坐下來把感受都說出來，看看怎樣讓以後的溝通方式能夠更文明一點。

以上這種是關係裡比較清楚明白的攻擊方式。而有一種攻擊方式叫作「被動式攻擊」（passive aggressive），說話溫和但綿裡藏針，讓人聽了氣不打一處來。

翠華的老公阿宗就是這樣的人，表面上是個謙謙君子，實際上，卻是一個非常頑固又小氣的人。他就是那種典型的「自己捨不得花錢，卻怪你欲望過高」的男人。

表面上說話都很好聽，實際上，處處控制著翠華，要翠華按照他的標準生活。他會找各種藉口不讓翠華買東西，就是不承認自己小氣。

如果翠華生氣了，他就會說：「我惹你生氣了嗎？那我道歉！」（標準的被動式攻擊道歉方式）當然，口氣裡沒有一絲道歉的誠意，只會讓翠華更加憤怒。

遇到這樣的男人，其實就不要和他爭執，該幹嘛就去幹嘛。如果他責問你錢花到哪裡去了，就裝傻、打馬虎眼混過去，反正他要面子，不會和你真正撕破臉。

這種用被動式攻擊來讓自己看起來很高尚的人，和他吵架最好的方式就是不理他，假裝聽不懂。因為這種人很會用隱藏式的尖酸刻薄來達到目的，如果你被激怒，就中計了。

如果你不理他，他的自我形象就會遭受挑戰，他不屑（或不敢）用正面攻擊的方式來表達自己，但又有很強的自我意識，把自己的標準強加於別人身上，所以「不接招」是最好的對策。

伴侶的能量攻擊，不必在乎

還有一種人，擅長用能量攻擊，讓坐在他旁邊或走過他身旁的人都坐立難安。這類人很奇怪，心裡有事不高興或是身體不舒服的時候，他不自己消化、承受，而是把自己的負面能量盡可能地散播給周圍的人（當然，和他最親近的人首當其衝），好像讓別人不高興就可以紓解他自己的煩惱痛苦似的。

佩華的男友方恆就是這樣的人。有一次佩華和男友去西藏玩，雇用了一個導遊和司機，幾天下來，大家都一起吃飯，相談甚歡。

但最後一天，方恆的高原反應發作了，他頭痛欲裂，在晚餐桌上，他一言不發，面色鐵青讓司機和導遊戰戰兢兢，連夾菜都變得小心翼翼的，好像動作大了就不行似的——可見他的隱藏式負面攻擊能量有多強大。

回到酒店，佩華輕聲地問方恆：「要不要吸氧？」方恆沒好氣地問（口氣極其惡劣）：「你有嗎？」語調像是把佩華當成敵人，今天他會落到這般境地都是佩華害的。

其實，方恆一直都是這樣的。每次不高興或是不舒服，連關車門都用摔的，放東西也是重重地砸在桌上，好像就是擺臉色給佩華看，讓佩華受氣了，他就會好過一點。

這種人，就是有脾氣也只敢發在最親近的人或服務生（比他弱勢的人）身上，最沒有風度也最愚蠢。年紀大了以後，人最需要的就是身邊的老伴，他的這種態度，會把身邊的人都逼走。

遇到這種人怎麼辦呢？佩華就是太愛方恆了，所以會在乎方恆的這些舉動。其實，當方恆這樣用能量攻擊周圍的人時，佩華要做的就是走開，根本就不要理會他。

讓他學會，如果你不高興，需要我安慰；如果你不舒服，需要我照顧，那請你用比較好的態度和語氣來提出要求，不能用這種方式來凌虐我。所以，「不在乎」是對付這類人的最佳對策。

關係中的各種不良溝通方式，當我們知道以後，對號入座自我檢討一下，並且學會如何有建設性地應對，是非常重要的。

06

這三個問題的答案，決定一段婚姻能走多遠

很多人稀裡糊塗地談戀愛，沒有設定好目標，以為看對眼了、愛上了，就可以在一起，如果處得來，還可以終老。

殊不知，這其中陷阱重重啊。想要談一場不「傷」的戀愛，我們必須把自己的目標弄清楚。

會談戀愛的人，不一定會愛

我感覺情感中最大的一個迷思，就是我們的目標不是真正放在很務實的條件上（雙方的價值觀、家世、性格等），而是無意識地把主要目標設定在喜歡戀愛的感覺上。

所以，「好想好想談戀愛」這句話，會引起很多人的共鳴，覺得墜入愛河真的是

美事一件。

然而，很會談戀愛，和雙方合適不合適、真正擁有愛的能力，是完全不同的特質，需要我們區分清楚。

最幸運的人，當然可以碰到既會談戀愛，又真正有愛人能力的人。其次，就是不太會談戀愛，但是有愛人能力（雖然無趣了些）。

而最差的不是既不會談戀愛又沒有真正愛人能力的人，你和這種人在一起，就無關乎愛了，因為一開始感覺不會那麼好，你如果還是願意和他在一起，一定是受到其他實質的條件因素影響。

最差的是那種很會談戀愛，但是一點愛人能力都沒有的人。

為什麼說這種人是最差的呢？因為一開始他浪漫地和你風花雪月，讓你情不自禁地全心投入、付出感情，而且帶著極高的期望值進入關係中。

然而這樣的人，最禁不起近距離、長時間的相處。尤其是一旦有利益關係進入，就更可以看出對方自私自利、沒有包容心的嘴臉。很多明智的人，可能看清楚這點之後，還能夠急流勇退、即時抽身。

然而還是有很多人，會繼續奮不顧身地投入自己的感情、時間甚至金錢。這是因

為這些人的親密關係潛在的模式需求，就是要去體驗不被愛的感受。比方說，如果我想體驗不被愛的感受，我就會去找一個給不出愛的人。

但是因為一開始的時候，我不會愛上一個看起來不愛我的人，所以我們會找到一個一開始好像很愛我，而且愛得很真、很像的人，讓我上鉤。深深愛上之後，才發現原來對方給不出什麼東西。

受到模式的牽引，我們會一直在這段關係裡糾結，繼續體會不被愛的感受。

還有人發現不對勁之後，不會立刻拂袖而去，是因為他們認為：一開始的時候他表現得很好啊！他原來不是這樣對待我的，現在變成這樣，一定是我的方法不對；或是他此刻的生命情境造成的，所以我要去改造他，或是協助他改善他的生活情境。

我們的想法是：既然當初他那麼愛我，我就一定可以改造他、幫助他，變回當初我愛上他時的模樣。

就是這樣，那些在所謂「渣男」「渣女」身邊前仆後繼的痴心人，願意守候、等待，並且進行痛苦的糾結、磨合，就是希望當初的那種「墜入愛河」的美好感覺還能夠出現。

這是愛情中的第二大迷思——妄想我們能夠改造對方，或是協助他改善生活情境，讓他能像當初那樣愛我。

我們沒能看見，此刻的問題不是他的生命情境，也不是兩人相處的問題，而是──他就是一個沒有能力愛的人。

真正會愛的人（和會談戀愛的人是兩種人），是會在關鍵時刻能夠考慮到你和你的感受的人，不會自私地只考慮自己要什麼，不惜傷害你和你們的感情。

這種愛情，是不折不扣的奢侈品，需要成熟、寬容的人才能做到。

剛開始的花前月下，爬樓送湯，只是親密關係裡很小很小的一部分，不要為了這一點點溫存，就賠上後半輩子的幸福吧！

靈魂伴侶，不一定是最後歸宿

親密關係的第三大迷思，就是從此王子和公主過著幸福快樂的生活。

所有的關係裡面，都有低潮期，而且不是普通的低潮，可能雙方都開始厭惡對方，覺得不合適，不禁問道：我以前愛的那個人到哪裡去了？

如果這個人基本上還算是一個有愛人能力的人，那真的就需要我們求助於所有親密關係的救命良藥——包容、接納、等待。

我訪問過很多結婚多年的夫妻，請他們分享婚姻能夠長久的秘訣。幾乎所有願意說實話的人，都是異口同聲地說：忍耐。

忍耐有兩個層面，一個是橫向的——結婚後發現原來相處上還是有那麼多的障礙，彼此不適應。那就要真誠地溝通、協商，彼此讓步，找到那個雙方都能夠接受的平衡點。

另一個是縱向的——給雙方一點時間、讓子彈飛一會兒、給時間一點時間。很多人在面臨婚姻危機的時候，常常非常急躁，要立刻做出決定。

然而有很多長久的婚姻，在中途都出現過出軌、激烈的衝突和各種矛盾，鬧得不可開交，好像過不下去了。

可是，過了幾年之後，我們發現，這些婚姻中的配偶，如果能各自成長，修復關係，最終還是能作為結髮夫妻，攜手終老。

我的朋友小雲是一個嚮往浪漫的女人，她就嫁了一個不太會談戀愛，但是成熟穩重的好爸爸型的男人。我感覺她在婚姻中躁動不安，總覺得欠缺了什麼。後來，她果然出軌了，心神混亂地來找我。

小雲的老公是個老外，觀念比較開放，加上是個老好人，所以，即使知道小雲愛上了別人，他還是願意守候這個家，等待她回心轉意。反而是小雲擺出一副就是要不惜破壞完整家庭、追求靈魂伴侶愛情的決絕。我勸她不要輕舉妄動。

我雖然不贊成靈魂伴侶的說法，但也承認，有些人的確是比較合拍，也容易讓人動心。但是，即使是靈魂伴侶，也不意味著他就是你此生中的最後歸宿。

也許你很愛他，也許你們很適合，但是，他出現在你生命中的任務可能就是要幫助你破局——突破目前婚姻中的死寂，把你帶到天堂，再把你甩到地獄，讓你自己找路回到人間。

這一路下來，保證你收穫豐碩，人生風景也從此不同。但在過程中，不需要立刻去破壞自己的家庭，讓孩子受苦，並且放棄一個這麼好的男人——他唯一的缺點就是不會談戀愛。

婚姻有變，先靜觀其變

談戀愛期間，我們都會覺得和對方太心心相印了，可以進行非常深層次的溝通，各方面又非常合拍，簡直太棒了！

但是，當你付出、犧牲了這麼多，最終兩個人在一起過日子的時候，還能不能過這種激情的生活呢？當然不可能。

這個時候，就要回歸到這個人到底有沒有真正愛人的能力。

通常知道對方有家又情不自禁愛上對方的人，都是比較喜歡談戀愛也擅長談戀愛的人。他們無法控制自己的感情，所以，甘冒破壞別人家庭的危險愛上你。

他們如何無法控制自己的感情，將來就很有可能會無法控制自己的感情去愛上別人，或是無法控制自己的感情去傷害你——這都是雙刃劍。

當然，不能一竿子打翻一船人，我有一個朋友，就是在婚內認識現在的老公的。對方一開始不知道她結婚了，深深受她吸引，後來知道之後，也試著離開，但是情不自禁地又繼續下去，最後他們過得還算比較幸福。

從旁觀察，我覺得這個男人就是來還債的，我這個朋友的親密關係的命運還是相當不錯的。

所以，面對婚姻中的種種衝突，我們應該更有耐心地去靜觀其變，而不要妄然做出大動作。

現在離婚率節節升高，而結婚率卻一路下滑，說明了大家對婚姻越來越謹慎小心。希望這三大迷思能夠幫助大家在戀愛之前明白：

一、看清楚自己要的是什麼？（迷思一）

二、激情退去時，是不是妄想改造對方？（迷思二）

三、遇到危機時，能不能做到包容和接納？（迷思三）

最後就是要知道，柴米油鹽的婚姻生活，有很多不同的面向需要我們去包容、等待。

希望有勇氣走入婚姻圍城的人們，都能夠得到他們想要的東西，並且白頭偕老。

Part 4

選擇的焦慮

01

從心而慈，保持覺知

什麼人心想事成？什麼人聽天由命？

在新的一年的第一天，請問你是不是充滿希望地迎接未來的一年呢？讓我問你兩個問題：

一、如果我告訴你，你的未來是由你當下心念所創造的，你會不會振奮起來去幻想一個美好的未來，並且加以計畫、準備呢？

二、如果我告訴你，一切由不得你，你做什麼都沒有用，你又會如何反應呢？

那實情到底如何呢？

我有一個朋友桃子，她非常積極正面，嘴裡永遠都是好的東西，當然我有注意到，她說自己永遠都是好的，說到別人，則會有批判、唱衰等負面的東西。

桃子和老公看起來挺恩愛的，也常常放閃，不過我知道，她老公是一個非常孩子氣的人，性格剛愎自用，又自視甚高，其實她沒少吃苦頭。

最近她老公有點中年叛逆／危機，嚷著要離開她，而且開始對別的女人感興趣。桃子很在意她的老公，也有最大的誠意挽回他的心，所以，不惜一切代價要留住他。與此同時，她對外發文，還是強調他們的真情、真愛，雖然她老公在平常和其他朋友擁抱再見的時候，已經開始摸別的女人的屁股了。

和另一個朋友姍姍聊到這對夫妻的時候，我說：「桃子的這種態度，其實到最後，他們之間是會變成她所描繪的、希望的那個樣子，因為我們看到了桃子的一心一意，這是無人能抵擋的。」

當然，我知道他們的關係最後會變好，也是因為他們結婚多年有兩個孩子，事業上也是夥伴，桃子的老公還是比較重視家庭，也曾全心全意愛過桃子。

我和姍姍感慨，我們是不是要學學桃子呢？

什麼決定了你的選擇？

無論哪一個生命領域，只要你用桃子這種不棄不離、一心一意、不計代價的態度去努力，最終都會獲得你想要的成果，我已經看過太多的例子。

不過，這種決心、毅力，不是一般人能夠學得來的。

要我是桃子，我會很生氣這個男人因為事業不順，就把氣出在老婆身上，自己找不到方向，就想離開家庭出去闖蕩；人到中年了，居然變得下流，和女性朋友說再見擁抱時會去摸人家屁股；在家不高興就臭臉相向，一點也不為自己負責，更不考慮伴侶的感受。像個男人嗎？

桃子竟然完全不以為忤，甘之如飴地每天發文給自己加油打氣，承受她老公所有不成熟、不負責的言行。

所以我預言，這個男人脫不開她的手掌心，終究會回歸家庭，和她共享天年、白頭偕老的。

這個代價，不是我和姍姍能夠付出的。這是誰決定的呢？表面上是我們自己，實際上是我們的性格，而性格也不是我們自己選擇的。

性格能不能改？可以，但是非常難。我就常常觀察我父母的言行，然後驚覺我遺傳、學習了多少他們的作風和態度，而很多都是我不喜歡的，但是已經印刻在我的身上了，需要極大的覺知才能夠修正。

所以，上面的兩個問題，其實都是真的。只要你堅決相信一些東西，並且興致勃勃地朝那個方向前進，最終你會得到你想要的。

但是，如何讓你興致勃勃、不屈不撓地想做一件事呢？這是由內建程序決定的，如果你不了解、覺知自己的內建程序，那麼基本上你什麼都做不了，只能聽天由命。

所以，我的新年新希望是：臣服與覺知。

從心而行，保持覺知

臣服是因為，生命中有太多的事物、機運是我們無法控制的。那麼多的巧合，其實不是巧合，是冥冥中機緣巧合、能量具足之後的瓜熟蒂落，我們毫無掌控的能力。所以，學會臣服於當下的發生，是非常重要的。

時時刻刻覺察自己的言語、行為，有沒有徒勞無功地在抗拒已經無法改變的事

實。浪費自己的能量和時間在無可挽回的事情上，是非常不明智的。

所以，臣服的功課，是我的第一個重點。注意不和事實抗爭，安靜下來化解自己心頭的不甘、遺憾、痛苦、悲傷，這是一個基本工夫。基本工夫不做好，會給自己帶來無窮的麻煩。

我認識一個男人阿宗，他的脾氣、涵養都非常好，朋友都覺得他是個好人，但是他的妻子和兒女都不喜歡他。

我觀察他有一個最大的毛病，就是不願意去體會「無能為力」的感覺，所以他想方設法讓自己感覺「強大」，不可以「無能為力」。

於是，他拚命打擊老婆和孩子的欲望，怕的就是他們對他提出要求，他無法回應、滿足對方，而讓自己顯得無能為力。

所以，他總是跟孩子說，我供你們上大學以後，一毛錢都不會給你們，我的遺產會捐給慈善機構，你們自己看著辦。

這樣說讓孩子心裡很不舒服，孩子不一定貪圖他的錢，但是他的態度，讓孩子覺得不被愛，也覺得這個爸爸不近人情。

他在婚姻中，更是多方打擊老婆的欲望，基本上老婆想要什麼他就用道理說她想要的是不對的、不好的，或是直接阻止。最後，他離了兩次婚，兩個老婆都跑了。

追根究柢，阿宗就是無法承擔別人對他有期望而失望的感受，所以，他不讓別人有任何期望。最終他的親人對他的評論都是，他是個不討人喜歡的好人。這樣的人，當然不會收穫一個快樂豐足的人生。

如果阿宗能看到這一點，勇敢地面對自己內在的那份無助，就不需要用那麼多防衛工具去抵抗它，而那些防衛工具讓他在各種親密關係中處處失敗、不討好。

我們每個人都有很多這種不同的防衛工具，我的防衛工具是攻擊型的，每每自己受傷或是不願感到吃虧、被利用、不被尊重、所願不遂時，我會用攻擊的方式去發洩，而不願意去感受它們。

我重新認識了一個字：慫，原來它是「從心而行」的意思，**隨你的心，但要願意去面對、認慫，臣服於當下那個最不讓你舒服的情緒，而不是發洩、投射、干預到別人那裡去**。

而第二個功課覺察、覺知，則是隨時隨地保持一份注意力在自己的身體姿態、感受和言行上面。

因為我和身體聯結得不夠，二〇一八年身體出了一些狀況，所以，之後與身體隨時隨地建立一份連結，也是我的重要功課。

我在二〇一八年已經開始做了一點，身體就有很大的改變了。而覺知自己的言行，其實也是我每年的願望，一年比一年進步吧！

我一向是個雷厲風行、閃電行動、反應快速的人，所以言行常常會得罪別人或是讓自己懊悔，如果能夠更加覺知自己的言行，就不會受到潛意識中的內建程序宰製，而能有一些掙脫枷鎖和改變反應模式的空間。

同樣地，我已經在路上了，也有一些實質的改變了。

最後建議大家的新年新希望不要只是外在的一個具體事項，也要是一個內在的真正改變和轉化的過程。

因為，後者是可以持續一生對你有益處的，並且將有發酵反應讓你終身受益，而前者只是過眼雲煙，今年達成了，明年又會有新的、更高的期望，長年累月地追逐下來，終有厭倦之日。

02 會做減法的人生，不糾結

你是單純地想要快樂嗎？

不是每一個人都想要真正的快樂。

這句話很武斷嗎？其實是這樣的：

每個人天生的快樂程度都不一樣，取決於你腦內分泌「血清素」（一種讓人愉悅的化學物質）的能力，能力不佳的人，感受到的喜悅感就比較低。

因此，這些不快樂的人，為了追求快樂的感受，他們會以為外在的一些成就和事物能讓他們快樂。比方說——錢、愛情、權力等等。

於是，這些為了追求快樂的人，就開始了追逐金錢、愛情和權力等外在事物的遊戲。追到最後，他們已經忘了自己原來的目的只是單純地想要快樂，不惜一切代價地追求這些東西，而完全忘了自己的初衷。

聽過一個笑話：

三個人到了火車站，看到火車已經開走了，於是在旁邊的咖啡廳休息等候下一班車。火車又來了，三個人聊得高興，火車又要開走了才發現，於是，他們開始追逐已經啟動的火車，最後，兩個人成功登上了火車，只剩下一個跑得慢的沒趕上。剩下的人看著離去的火車發愣，突然放聲大笑。旁邊的人覺得奇怪，問他：「火車沒趕上你那麼開心幹嘛？」

他說：「我才是要搭火車的人，那兩個朋友是來送行的！」

就是這樣，我們可能太過關注自己想要追逐的東西，而遺忘了自己真正想要的，其實就是單純的快樂本身而已，並不是外在的那些東西。但是我們的社會、家庭、學校等各種環境，會營造出一個氛圍：

你要有錢才能成功，成功了才能快樂。

美麗才會有人愛，有人愛才會快樂。

最後，我們搭上了社會成功列車，才發現，原來那不是我們真正想要的。

快樂，是一種可以學會的習慣

真正想要快樂的人，不會得不到。所謂真正的快樂，是沒有附加條件的快樂。也就是說，在任何情況之下，我們都能夠快樂起來。因為，快樂是一種習慣，也是一種技能，是可以學會的。所以，不是每一個人都真的想要快樂的。

而且，**很多人都受到自己內在程序（出廠驅動模式）的影響，不知道自己努力奮鬥的方向是與快樂絕緣的。每個人的意識層次不同，在不同的層次，就決定了你對自己的人生有多少的認識，對自己的快樂有多少的掌控權。**

我開了抖音帳號（defen123），那裡的讀者比較落地、務實，沒有人問靈性成長的問題，百分之九十都是感情問題。

我看到，把愛情當成麵包，每日需要它來充飢的人，幾乎都是在煎熬的狀態。我每次的回答幾乎就是：

你知道嗎，這個世界上有比愛情更好玩、更重要，而且投資回報大得多的東西，可不可以麻煩你轉移一下注意力，不要一天到晚盯著你的愛情看了?!

我自己的經歷就是，當你被迫離開了愛情，有一段時間會非常迷茫、痛苦，頓失所依的感覺。但是，當你適應了以後，不去用「立刻找下一個」來補償，而能夠開始自己一個人享受這個世界，這是一個女人這一生需要學會的重要功課。

當你的一手幸福（不依賴他人而獲得幸福感）的比例越來越大的時候，即使天生血清素分泌不高的人，都可以在生活中找到穩定、愉悅的感受。

還有一種人，是擁有了所謂的美好感情。另一半對他們寵愛、包容，但是他們視為理所當然。

在這種情況之下，當然沒有所謂的愛情了，因為大多數的愛情，都是得不到的、有虐待性質的，才算是愛情。天長地久、平淡如水地過日子，通常會被戲精們唾棄，進而無法產生愛情的感覺，所以會想要靜極思動。

上課的時候碰到好幾個這樣的幸運女人，自己條件好，老公多方疼愛，但是她們就是挺挑剔的，而且婚外也有一些看起來好像比自己老公有智慧又有趣的男人。

以過來人的經驗，我嚴正地警告這些身在福中不知福的人，一定要珍惜自己的福氣，草永遠是對岸看起來比較綠，不要被幻象迷惑了，毀了自己的幸福。

任何時候，你的快樂都由自己選擇

抖音的粉絲裡面最多的糾結，是來自嫁給一個「不對」的男人，但是有了小孩，所以無法輕言離婚。

我看了太多身邊朋友的例子，如果不是小孩，他們早離婚了。可是，因為有婚姻、孩子等責任，他們忍下來了，熬過了最痛苦的一段長長的磨合期，最後守得雲開見月明，雖然孩子上大學了，兩個人還是能安分守己地繼續維持生活，做成了「老來伴」。

怎麼磨合？怎麼忍呢？這個難度比一個人單身去找到快樂要難多了，但不是不可行的。最重要的還是「注意力」，是你關注的焦點在哪裡。

如果結了婚以後，你還是喜歡風花雪月的浪漫感覺，或是期待對方負起責任養家、照顧你——後面這個要求其實並不為過——可能就會墮入失望的深淵。

看清楚他究竟是什麼樣的人，在他舒適做自己的時候，到底能不能為你和孩子的生活「加分」，或是至少不要帶來負面的影響（酗酒、賭博、暴力），這是一個重要的檢驗標準。

再看看自己的「奢望清單」——體貼、關懷、賺錢養家、負責任、情投意合、互相理解尊重，那麼是不是可以把這些要求降到最低，讓自己在精神上獨立起來？男人不一定非得是家庭收入的唯一負擔者，但是他不能靠你養還給你臉色看。

他也許不會談笑風生、不理解女人的情緒，但是至少要為家裡的事情負責。

我有很多朋友告訴我，如果她們自己有謀生能力，早就離開了。但是因為必須寄人籬下養孩子，不願意離開孩子和舒適的生活，所以也忍過來了。

那一段時間，她們發展自己的興趣愛好，學會不把心思放在男人身上，眼光也收回來不去找他的碴，最終，男人年紀大了，會回歸家庭，變得比較宅，比較黏著老婆了。

我自己兩次離婚以後，現在大部分都是勸和不勸離。就像我前面說的，人要學會在任何情況之下，都能夠靠自己找到快樂的源泉，那麼你就是所向無敵了。

如果你真正想要的是幸福快樂，無論在任何情況之下，你都可以選擇快樂。至於這個婚到底離不離，沒有任何人有資格告訴你。

不要忘記自己最終的人生目標，不要陷在情緒裡面膠著、糾結，把自己的身體顧好，存一些錢，找到自己精神喜悅的獨立來源，交一些志同道合的好朋友確定自己要的是快樂幸福，而不是一齣又一齣的濫情戲。

那麼，你的人生就沒有交白卷，算得上是對自己負責了。

03

人所有的壞運氣，都有同一個起點

很多事情，很多時候，我常常會感到身不由己；也有的時候，是回過頭去看自己以前的所作所為、所思所想，覺得自己當時身不由己。

這是怎麼回事呢？**這就是我說的「潛意識自動化程序運作模式」，如果你不認清它，脫離它的宰製，那麼你的一生就是被命運和隨機、巧合、因緣所操控。**

這讓我想起了我看過的一部電視劇《黑鏡》。

如果這個世界可以打分數

《黑鏡》是英國的電視劇，每一集都是獨立的劇情，就像電影一樣，主題都是有關未來科技把人類的生活扭曲成什麼樣的暗黑，有的劇集還真的挺發人深省的。

我說的是第三季的第一集。

劇中把我們給別人打「五星好評」的習慣無限擴大到了生活中，每個遇見的人都可以互相打分數——而分數，則是非常重要的。

它牽涉到你能不能在一個公司上班，是不是獲得別人的歡迎和重視，甚至有些餐館、會所、酒店，都規定要3.5分以上的人才能進入享用。

故事從女主角蕾西想要入住一個高檔社區開始，價格太貴，她承擔不起，但是4.5分以上的人可以八折，蕾西是4.2分（分數挺高的，否則她也不能住進去），所以是有希望的。

為了快速「加分」，她需要很多分數高的人給她五星好評，所以，蕾西和她的朋友——以前背叛過她、一直欺負她但是現在非常風光的「高分」人士娜娜聯絡上了。並且很高興地知道，娜娜要和另一位「高分」男子結婚，婚禮會有很多「高等」人士參加。

娜娜居然還念舊情，邀請蕾西參加婚禮，談談她倆小時候的事情，娜娜覺得，這會為她「加分」。

蕾西欣喜若狂，繳了房子的定金，準備在婚禮上發表感人肺腑的演說，一次就把分數加到4.5。

噩夢從她的飛機航班被取消開始——蕾西打定主意要搬進豪華高檔社區，定金都繳了，所以她必須把自己分數抬高。

在短時間內提高那麼多分的唯一可能性，就是參加娜娜的婚禮並發表演說，而航班取消是致命的障礙，於是，蕾西在機場發飆，這反而導致她的分數被扣了整整一分，而且會持續二十四小時。

接下來就是一連串的噩夢：因為分數差，只能租個爛車，而租的車沒有電了，又因為款式老舊無法使用路邊的充電設備。

打電話給娜娜，娜娜看到她分數變得那麼低，就生氣地說那你就別來了！但是蕾西打定主意不能不去，她想盡了各種方法，搭便車、借車，把自己弄得狼狽不堪——而且分數更少了，她卻連婚禮的場地都進不去。

所以她偷偷地溜進去，如願以償地搶到麥克風發表演說，但是那個時候的她，不但狼狽不堪，而且神志已經不清楚了，胡亂說一通，分數降到了1點多，而且，最後，由於私闖她不應進入的地方（婚禮），而被逮捕入獄。

看見你的身不由己

蕾西從航班被取消之後，就已經開始身不由己了，她完全忘了自己這麼努力的目的是想要住個好社區，找個好男人，所以後面她的所作所為，完全往相反的方向走去。

我們是不是也常常這樣，出發之後，就忘了本次行程的目的？

我觀察到，**每次的身不由己，其實都是因為我們自己已經有了一個既定的議程、腳本，希望事情按照我們想要的方式和時間進行，好完成我們的心願**。

我們太過執著於自己的想要和不想要，最後可能導致我們最不想要的發生。

如何破解這種「身不由己」呢？

首先，我們需要看見自己的身不由己，看見就可以拉開距離了。

就像前面說的女主角蕾西，她如果在機場發現自己的心太過急切，身不由己地被迫要不顧一切地參加婚禮，就可以緩下來，問自己：我要的到底是什麼？我現在這麼做對我真正想要的東西有幫助嗎？

這個時候，她可能就不會急得像熱鍋上的螞蟻一樣，做出許多自我破壞的事。而我發現，讓我們身不由己的，正是事情「出差錯」的時候。

所以，我們需要正確看待生命中此刻的困難或問題，把它們看成是來幫助我們成長、擴大心量和提高眼光的。

如果只是逃避，我們就錯失了寶貴的成長功課。比方說缺錢這個問題，如何在缺錢的情況下，看到自己內在的匱乏和對金錢的恐懼？

我們可以在自己的思想層面做工作，讓自己不再對金錢那麼敏感——這需要很多自我覺察和觀照的工夫。

我以前就對有錢人反感，當我發現之後，我每次想批判有錢人時，我腦海裡就會亮起一個紅燈，告訴自己，有錢人其實挺好的，並不像你想的那樣。

這樣逐漸修改，我對有錢人的反感和敵意就消減了很多，否則，一個對有錢人有意見的人，自己是不會成為有錢人的。

又比方說，你現在單身，覺得很辛苦、不習慣，也可以把它當作一個考驗，讓你學會與孤獨相處。學會這一招以後，對你未來的親密關係將會有莫大的幫助。

因為你精神上可以獨立了，未來就不會和另一個人過於緊密地黏在一起，也不會過度依賴另一個人，那你未來親密關係的品質和運氣都會變好，這是肯定的。

所以，面對我們生命中的問題和困境，讓自己變得比它更大、更好是很重要的。

如果只是想消除它，就像沒有錢，你就是想賺錢，可是內在的匱乏感、恐懼感沒有消除，即使錢來了你也守不住，或是無法好好享用它。

如果只是找個男人來填補空虛，那你很可能在精神上又依賴了，也會因此而拿著放大鏡在關係中找蛛絲馬跡，為的是確認這個人不會消失離開。

再舉一個例子：健康情況不佳。

其實面對生命中的問題，我們都需要先去接納、臣服。因為一旦接受了，你就不會有那麼多的恐懼。如果出於恐懼，被情緒驅使去做事、行動的話，多半都會壞事。

當你接受自己的身體可能會出一些狀況的時候，你可以努力去尋找一些補救的方案，也許是改變飲食習慣，也許是開始瑜伽、健身，總之，就是不要像蕾西那樣亂了手腳。

所以，把困境當成滋養、幫助我們成長的肥料，而不是當成麻煩、阻礙，想要除之而後快（那就會陷入身不由己的境地了）是非常重要的。

這其實是一個一勞永逸的做法，因為我們的人生不可能總是一帆風順，困難、險阻總是會有的，學會了真正扎實的內在工夫，有了力量，才能夠輕鬆愉悅地駕馭我們的人生。

04

控制與被控制，捆綁的是個人的自由

生而為人，我們就免不了在關係中遭遇一種情況：控制！

也許是我們控制別人，或是別人控制我們，總而言之，這是一個千古流傳的議題，想要控制其他人的人，都是出於恐懼（缺乏安全感），沒有例外。

以愛為名的控制其實最為恐怖，因為所做的事情全是為了自己，不是為了被控制的那個人，但是理由——因為愛你——似乎讓人無法反駁。

小心關係裡累積的「怨氣」

徐崢導演的《囧媽》，我原以為是一齣延續以往「囧」風格的笑鬧劇，沒想到最後竟讓我止不住地飆出了眼淚。

毋庸置疑，這是一部好笑的喜劇，我好幾次笑出聲來。但是，這部電影的重要淚點其實是母子之間的關係，以「控制」為主題發展出的一系列劇情。

徐崢在片中飾演的徐伊萬是一個婚姻失敗的失意者，為了報復堅持要離婚的老婆（袁泉飾演的張璐），使出各種手段來解恨。同時，他又有一個固執又控制的母親。

他一方面痛恨母親對他的控制，但是又不自覺地「繼承」了母親控制的習性，對自己的妻子也是百般控制，最後老婆受不了，下堂求去。

故事最重要的矛盾發生在母子之間。母親固執地要坐火車去莫斯科演出，伊萬不放心，一直想說服她搭飛機，沒想到最後被迫和母親一起坐火車。

漫長的旅程，兩個人要在狹小封閉的空間裡共處，他不得不面對母親無時無刻不在的控制，但都是以「為你好」為理由，讓人無法拒絕，二人之間的矛盾也就集中爆發了。

為什麼相愛的人之間總有那麼多的衝突？其中一個很重要的原因是——積壓了很長時間的怨氣。

面對親人的控制，一開始我們總是想要迎合對方，雖然不高興，但不願意就此發作，所以暫時隱忍下來。

但是那股怨氣，逐漸累積到一定程度，爆發出來的衝突就是高強度的、驚人的。片中張璐堅決離婚，也是積怨已久的爆發，一去不回頭。

所有控制，是為了「遂己願」

家人之間的「控制」，之所以難以擺脫，是因為它是日積月累的結果，像溫水煮青蛙，我們無意中被裹挾到控制之中，越陷越深，越來越難擺脫。

藉著電影，我們就來探討一下，如何不去控制別人，又如何不被別人控制。

首先，我們要意識到：自己正在控制別人，而且控制的目的其實是「遂己願」！

大多數人，尤其是父母，總是覺得：

一、自己有資格「管」孩子；

二、自己都是為了孩子好；

三、我知道的比你多。

像作家三毛就說，她媽媽常常在家裡走過來就塞一大把維他命在她嘴裡，差點沒把她噎死，然後心安理得地走開。

三毛最後過世，當然和母親的養育方式沒有直接關係，但是，母親的這種養育方式，肯定為她帶來很多生命中的壓力和不歡——即使她知道後面都是愛。

這個場景，和《囧媽》中母親一直用各種強迫方式餵伊萬吃小番茄的畫面如此相似。伊萬同樣深惡痛絕，後來他一怒之下，把母親辛辛苦苦帶上火車的所有小番茄，一股腦兒地丟到了冰天雪地的西伯利亞草原中。

好不痛快！

請學會得體地放手

控制，尤其是變相的控制，常常為關係帶來無比的傷害和痛苦，而且是互相的——控制方並不比被控制方好過。

當伊萬一次次要求張璐成為自己想像中的完美妻子，當母親一次次管制伊萬的吃喝小事，控制與被控制，捆綁的是三個人的自由。

所以，第二點就是：當你發現自己在控制你愛的人，效果卻並不顯著，反而把雙方關係弄得更不好之後，你是否願意學學優雅轉身、得體放手？

我的兩個孩子假期的時候，會從美國回來看我。

女兒愛美，大冬天的北京，她出門還是穿得不夠嚴實。我怎麼說、怎麼勸，她都不聽。我就允許她穿雙單鞋、裡面穿一件單薄的衣服、外面套一件厚夾克出門逛街。

結果第二天凍感冒了，我就找感冒藥給她吃。

日後，她體內的寒濕，尤其是大冬天還露肚臍的穿著打扮，會讓她有很多健康上的問題。我跟她說過，她不聽，我也就不說了。

因為，等到出問題的時候，我再來幫她想辦法解決就好了，就像我自己一直在解決年輕時不懂事留下的一些病根。她自己也需要去面對自己行為所帶來的後果吧，這個我不可能為她承擔。

但是，如果我天天為了這些事情和她爭論、說教，甚至脅迫，只會把這個女兒越推越遠，不但假期不想回來看我，以後問題出現的時候，她寧可自己吃苦也不會來找我，因為就怕我會說：「你看吧！早就告訴你，你不聽！」

所以，**看到自己在控制，同時看到控制是為了自己，不是為了對方，而且造成雙**

方關係的緊張，這時要做的第三件事就是：咬著牙放下。

我寫過一本書，最早的書名叫作《捨得讓你愛的人受苦》，後來改名為《愛到極致是放手》，意思就是如此。

不要以愛為名進行控制之實，有太多的家庭悲劇、各種的關係緊張，都是因此而發生的。

所以，看清楚自己的恐懼（不安全感），並且學會和它相處，看穿它是一個幻象、是一種我們習以為常的情緒習慣，並不是真實的，就不會被它驅使去控制我們愛的人，這是一門需要經過不斷挑戰、修正、練習，然後才能實踐的功課。

在關係裡，自我負責

如果你是被控制的人，那該怎麼做呢？

首先，我們看到，如果你被某人控制，那一定是因為你有所求、有所圖。你希望他愛你，你希望他快樂，你希望和平、和諧（不想製造衝突）。

就是因為你的「希望」，為自己帶來了軟肋。但是，這樣會埋下一顆「定時炸彈」，就是我前面說的：關係中的怨氣。

怨氣越累積，將來爆發出來的時候，對彼此的傷害就越大。所以，自我負責的意思就是：看到自己在這種控制關係中，應該要負的責任。

了解到這一點並不容易，要經歷無數次的衝突和磨合。片中，爆發的伊萬和母親大吵一架，母親逕自下了火車搞失蹤，他放不下，立刻追上去，結果兩人一起遇到了極為兇險的遭遇，在生死攸關的那一刻，彼此終於有了和解的機會。

那一刻，徐崢的內心鬆動、軟化了。他看到表面好強的自己，面對母親、面對妻子，是一個硬漢子，其實內心是缺乏安全感的。

也是這一連串的遭遇讓他領悟到：控制並不能為相愛的雙方加分，所愛之人做出我們不喜歡的事，如果我們以負面的方式去回應，只會讓兩個人都更加痛苦。

於是，他又變回當年那個有血、有肉、有情的男人，承擔起自己在關係裡的責任，願意以祝福和感恩送走已經不愛他的妻子。

被控制的人有一條軟肋，就是「心軟」。

心軟是因為當我們拒絕對方，看到他們的失望和傷心，我們無法和自己那種心痛、愧疚、難過的感受共處。

如果我們能夠有意識地和這樣的感受待在一起，去看看這種感受從何而生、對我們的影響又是什麼，最後又是如何離開的，那麼這種感受就被我們接納和看穿了，我們就不會被它驅使受別人控制了，這樣反而更能把關係處好。

所以，面對那些動不動就用自己「高興不高興」的臉色來控制你的人，如果你有本事和自己的愧疚感、不舒服的感受待在一起的話，他們就奈何不了你。

所有的問題，唯有在我們承認並且願意去面對、負責的時候，才有機會被解決。時間，也許能夠治療傷痛，但它是不會解決所有問題的。和解，永遠需要契機。就像這部電影，看熱鬧的人會覺得好笑，看故事的人會覺得它深入探討了家庭裡最難面對的關係。無論如何，相信你看完以後，回家會對媽媽好一點（至少給媽媽一個擁抱），也會對自己愛的人更和善一點，這就是大功德一件了。

05

你的自我價值感，是否建立在別人的認可和讚賞上面？

破除內在對男性情感上的依賴

二〇二〇年兩會期間，提出了很多與女性相關的議題，包括：離婚冷靜期、單身女性輔助生育技術（凍卵合法）、夫妻一起休產假、延長女性陪產假期、離婚過錯方不分或少分財產，這無疑是這個時代，對於「男女平等」的一項助推之力。

是的，時代對女性越來越慈悲，以往我們是嫁雞隨雞、男性至上，但是現在，女人賺錢的能力並不比男人差，性別、年齡、職業、角色等的限制，正在一一瓦解，給了我們前所未有的自由和空間。

而且現代的父母逐漸發覺，自己晚年有事的時候幾乎都是女兒出力的多，而兒子，不是在忙自己的事業，就是被另一個女人牽絆著，無法，也無心盡孝。所以說，女人越來越吃香，一點都不為過。

但是，隨著女性主義的抬頭，我們女人是否足夠爭氣，在社會上，在婚姻、關係中，可以為自己贏得應有的地位？

記得我剛結婚的時候，我告知丈夫，我的薪水要拿一半回家給父母。他說：「不可以！」我很震驚，問他為什麼。他說：「現在你沒有家了，我們組成了家，這是我們的錢，你怎麼可以拿我們的錢給你父母？」說得好像有點道理，而且我以前是比較傳統的婦女，覺得嫁了老公要以男人為重，所以就忍氣吞聲地同意了。

我當時竟然忘了問他：「既然是我們的錢，為什麼你一個人決定這個錢怎麼用？」

我潛意識裡好像覺得婚姻裡面男人說了算，應該要聽老公的，竟然無力為自己爭取該有的權益。

後來我聽到一個非常好的方法：兩個人掙的錢，自己留下一部分可以自由動用，其他的作為「公款」，可以家用、共用。

當時的老公堅決反對這個方法，他太沒有安全感，對金錢過於執著、抓取，他的金錢觀和我真的是南轅北轍。

所以，我當時在婚姻中的遭遇就是：以男人為重，花錢都沒有尊嚴。

舉這些例子，是因為我現在看到很多優秀的女人，到現在還是有這種「以男人為重」的觀念，這不但是中國社會幾千年來潛移默化的餘毒，更是家庭教育沒能及時跟上時代的緣故。

親密關係中的底氣

除此之外，還有一個問題，就是女性在情感上依賴男性，這種「委身男人」的觀念如果不破除，光是法律的演進也幫助不到我們婦女同胞們。

所以，我們作為女性，在關係中，是需要「有底氣的」。這個底氣來自以下幾個方面：

經濟的獨立自由——女人一定要有私房錢，財務方面一定不能完全仰賴男人，否則這個底氣就無法建立。

但如果說，你老公就是比較會賺錢，讓你可以安心在家帶孩子、照顧家庭，你也享受這麼做，那麼，一定要「月領薪水」，事先要說好。

很多人覺得在婚姻裡談錢好俗氣、傷感情，其實，不談錢（說清楚）才真的傷感情。

我是到了離婚才發現，我和前夫的金錢觀差得不是一般的遠，回想我們每次吵架，也幾乎都跟錢有關，感情就是這樣一點一點地磨掉了吧。

如何理直氣壯地月領薪水？很簡單，我們對自己的「價值感」一定要自信滿滿的，和老公交涉每個月你在家帶孩子、不出去工作應該得到的酬勞，讓自己有能夠自由動用的金錢，這樣在婚姻中，才能夠有足夠的底氣，不會演變成寄人籬下的局面。

不要貪心——想要在一個關係裡有底氣，不貪心也是很關鍵的。

所謂「不貪心」就是，不貪圖多餘的金錢，不愛慕虛榮，如果你覺得更多的錢能夠帶給你更多的價值，那麼你真的需要上個人成長課程做出改變，因為這樣的價值觀會為你的生命帶來很多苦惱和虛空的。

另外的不貪心就是，不能把老公據為己有，除了做丈夫，他也是兒子、父親、雇員、老闆、朋友，他擁有的個人空間越大，其實你們的婚姻就越穩固。

越是緊緊地抓住他，你們的婚姻越有風險，彼此要有空間和時間，真的是婚姻的大補藥。能做到這點的女人，在婚姻中就是有底氣！

精神獨立——檢查一下，此刻你生命中的樂趣、成就感、存在感，有多少是這個男人和這個婚姻帶給你的？

比例太高的話，你就是把自己置於險境之中。女人要找到自己生活的樂趣、生命的價值，這些東西必須來自自己對生命的探索和成就，而不是依附在一段關係或是一個人身上。

和其他家人的關係——如果和其他家人關係很差，你的底氣就不會很足。

有個支持你的婆家當然重要，但是全力支援、接納你的娘家也是有力的後盾。然而在建立良好關係的同時，最忌諱的就是去討好。

每一次的討好，都會讓自己在對方心目中的價值貶低一些，我不懂為什麼那麼多人還願意委屈自己去討好別人。

如果你觀察到了自己的討好，可能要檢查一下，你的自我價值感，是否建立在別人的認可和讚賞上面？

看到了之後，可以借由個人成長的旅程去修正、改進，逐漸地，你可以不需要去討好別人，而能夠回來安安心心地做自己。

自己的價值不是外在的東西可以代表的

尚文是個愛吃鬼，他很想討好年邁的父母，所以就買各種好吃的來取悅父母。偏偏他的母親是個非常挑嘴的人，每一次尚文買的東西她都不滿意，總找得出理由來批評。尚文很氣餒，但是父母年紀大了，他也不知道如何獲得父母的認可或讚賞，每次試不同的小吃、精美的菜餚，都不得其門而入。

尚文的妹妹小珍是個比較有自信、有個人成長的女孩，一次母親節，她點了外賣全家一起吃。

母親從頭到尾每一道菜都挑剔、嫌棄，小珍笑了，跟哥哥說：「你看，如果是你買的，你一定很難過吧?!可是我完全不會介意。這家東西不好吃，下次就不買了，我沒有任何難受的情緒。因為，我買吃的只是為了過母親節，不是為了取悅、討好他們，所以，他們喜歡，我很高興。他們不喜歡，我也能接受，不會難過。」

更重要的是，尚文可能把一部分自己的價值，依附在他所購買給父母的食物上，這樣說來有點可笑，但我們在生活中，這種例子比比皆是。

所有與我們有關的東西，包括我們讚賞、推薦、背書的東西，都承載了我們的自我價值在裡面，所以我們常常會不自覺地護衛這些東西，而讓自己底氣全無。

看到自己的價值，不是這些外在的東西可以代表的，是非常重要的一個成長指標。

慧玲是一個付出的人，她總是勤快地招呼、照顧周圍所有的人，有的時候對方還不領情，弄得自己筋疲力竭而且還不高興。

慧玲也在納悶，為什麼自己總是這樣吃力不討好？

我跟她說：「你的付出後面有很多原因。首先，可能你小時候必須照顧體弱多病的媽媽，所以弄得自己八面玲瓏、千手千眼的，特別能幹，習慣性地想為別人做事。如果你自己享受就罷了，偏偏你自己不高興，那就表示，你付出的背後，是有鉤子的。這個鉤子可能是：我要有用!!也可能是：我要你感激我!!我付出了十分，你哪怕還我一分也好——最後卻落得失望。這些動力的背後，都是一個無價值感的悲哀和希望被肯定、被看見的落寞。」

慧玲也懂了，她在家族裡就是一個勤勞的發動機，所有事情都落到她頭上，大家也樂得輕鬆。

她也知道，因為自己從小卑微，所以總喜歡討好別人、取悅他人，以獲得肯定、讚賞和關注。所以，最後累得要死，可能也得不到自己想換取的東西，其實是咎由自取，怨不得別人。

像慧玲這樣的人，就可能沒有底氣具足地做自己，她總是在想方設法地討好、取悅，自己累死，別人煩死，還得不到認同。

在關係中，你越有底氣，其實就越能夠得到對方的尊重；越是清楚自己的界限，就越能夠維持一個和諧美好的關係。

要能夠做到，就必須把自己存在感和成就感的來源、興趣點，都放在對自己有利的事物上。

比方說，你喜歡廚藝，不是為了做出來精美菜餚以換取別人的讚美，而是在過程中就很享受，那就是值得你花時間和精力的地方，這個廚藝可以延伸到其他的才藝方面——那些讓你能夠陶醉其中、無須仰賴他人眼光的事物。

另外對我們有利的事物就是成就人、幫助人的事業，一旦你成功，不但自己開心，更能夠幫助到別人，這個可靠!!

此外，在我們自己的身體上下工夫也是非常棒的投資回報項目。

鍛鍊身體，讓我們的體態優美，不但自己精氣神好，整個狀態就是讓人看了舒服，自己也開心，這個也是投資回報最可靠的項目之一。

用力地愛人、盡心去討好、在別人身上放自己的成就感和安全感，永遠無法讓我們女人在關係中有底氣。

時代的變化給了我們無比的優勢和契機，我們千萬不要辜負了時代，最重要的，不要辜負了自己。

生而為女人，是幸運的。加油!!

06

不要在親密關係中失去自我

很多人家裡，都有一個甩手掌櫃的老公，或者叛逆不孝的兒子，這樣的男人，是怎麼來的呢？

最近一個朋友告訴我，他多年的一位好友玉玲，癌症末期了，老公、兒子都不喜歡她，也都不照顧她。

朋友認識玉玲一家多年，覺得她老公也是個不錯的男人，沒想到會這樣對待自己的髮妻。

我聽了以後，非常「職業性」地想探究，玉玲這些年來，到底做了什麼事情，讓老公和兒子變成這樣的人？

你的關係，都是你雕刻出來的

為這兩個男人貼標簽、罵他們是冷血動物，是非常容易的事情，但是，在親密關係、家人關係中，因為是長遠的、持久的關係，所以，永遠都是一個巴掌拍不響的。就像我以前常說的「皮格馬利翁效應」，我們身邊親近的人與我們的相處模式，全都是我們自己一筆一劃雕刻出來的。他對你展現的一言一行，都是因你多年來的言行和反應，而塑造成今天的模樣。

我們可以很不負責任地下定論說，玉玲就是個可憐的受害者，可是這樣的論調，對她和我們旁觀想學點功課的人一點幫助都沒有。

我的提問，朋友無法回答，他也沒有觀察玉玲和家人之間的互動是怎麼樣的，但是，他陸陸續續給了我一些資訊，讓我對這一家人的關係和相處模式，有了個大概的圖像。

玉玲長相普通，身材有點微胖，聰明能幹，來自農村。而她老公，相對而言，條件比較好一些，這可能就讓玉玲在婚姻中一直處於討好的弱勢。

對男人而言，如果女人把工作全部都攬上了，當然樂得清閒，做個甩手掌櫃。

玉玲是傳統婦女，加上天生勤奮能幹又自卑，所以一定會養出一個懶散依賴而且又有優越感的男人。

果然她老公長年不做事，靠她養家，自己日子過得悠閒，有很多嗜好，就是對這個老婆沒興趣，不關心也不照顧。

所以，答案很清楚了，這個聽起來冷酷無情的老公，其實就是玉玲自己培養出來的。

別讓你的付出，變成理所當然

知道了她得癌症的一開始，老公可能也有表示一些關心或在意，但是我可以想像玉玲是如何用獨立、堅強、能扛事的態度，把她老公最後一點點的同情和關心都化解於無形了。

這說明了我們人類內在的強大：你相信什麼，就會實現什麼。怎麼栽種，就如何收穫，這個道理千古不衰。

玉玲來自一個卑微的家庭，自我價值感很低，嫁人以後，更是以一貫卑微的態度對待老公和兒子。

顯然她運氣也是不好，這兩個男人沒啥自覺和良知，被這個強大、包攬一切的女人寵得心安理得，也就樂得啥事不管，而且不珍惜、不感激她。

玉玲的兒子據說小時候就秉性惡劣，常常欺負其他小孩。這樣的孩子，肯定是在家裡得不到愛，才會有這樣的行為表現。

寫到這裡，我真的非常心疼玉玲，她是完全無意識地在活自己的人生劇本當中，沒有想過其他的可能性。

愛老公，愛得不得其法；寵兒子，寵出了一個外人口中「沒有良心」的兒子。所以，她的人生出廠設定的程序就很不好——屬苦命一族。

而她未能有幸知道「自我成長」是什麼——改變自己的行為模式，就能改變你身邊最親近的人——進而扭轉自己的命運。

最後，她的命運就是：一生養家餬口，沒拿過男人的一分錢，都是為家人在付出，沒有獲得關懷和感恩，最後得了癌症（不生病才怪），還要自己跑醫院，沒有人陪伴、照顧。

如果讓我剖析玉玲的生命模式，那就是，她自己內在的不配得，展現在外在的討好和包攬一切的行為上，如此造就了兩個理所當然、習以為常的男人。

她，就是受害者，而兩個男人，就是不知好歹的加害者——這就是她內在的運作模式創造出來的。

在關係裡，要有溫柔的堅持

女人在家中能量是最強大的，她是負責引領全家的人，因為女人不但能量堅強有韌性，更是會細心照顧家的人，她的注意力大部分是奉獻給家庭。

但男人就不同了。如果女人能幹，那麼顯然男人就會把更多的心思放在家庭以外的地方。

婚姻中，男人都是需要再教育的。你要巧妙地引領男人，走向你想要的那個地方，這需要一定的智慧——清楚地知道自己想要什麼，並且如何得到自己想要的。

很可惜玉玲沒能夠意識到這一點，她的一生，就是一個悲劇，讓人心疼扼腕。後來聽說，她在生命還剩下一年的時候，堅持離了婚，還給了男人一些錢。真的是太過寒心了吧！

所以，即使你很愛一個人，也一定要守住自己的界限——說清楚：這是我可以做的、付出的，而那是你可以做的，我們兩個人一起努力，來打造一個美好的家庭。

我以前也說過，在關係中，溫柔的堅持、脆弱的要求是非常重要的。也就是說，**在一份關係中，我們的「底氣」一定要足，一開始就要堅守自己的界限，如果你越界了，我會輕輕地把你推回去，告訴你，這是不可以的。**

這個功課，我是到了五十多歲才學會，希望我的讀者們，能夠借助我的經驗，早一點學會「堅守自己的界限」的重要性，不惜一切代價去維護自己的界限，才能過上你想要的生活。

所謂「不惜一切代價」，包括惹怒對方、失去和諧，甚至失去對方，這在親密關係一開始就要擺好架式，日後再改，就來不及了。

如果我們真的清楚自己要什麼，又不在意對方生氣甚至離開，那麼我們每次維護自己界限和爭取自己權益的態度就會柔軟、溫和、歸於中心，這讓對方會比較容易接受和退讓的。

不在關係裡失去自己

關於教養孩子，我想起小時候自己的經歷。

我媽媽是個非常能幹的家庭主婦，所有的工作都由她一個人扛下來。她認為我學習好，所以儘量不讓我幫忙做家事，以免影響我的課業。

其實，這是不正確的想法。

因為，教導孩子幫忙做家務，是非常重要的孩童教育，至少，不能讓孩子覺得自己天生就是應該被伺候的。

印象中，有一次媽媽買菜回來，手上提了好多塑膠袋，手指都被勒出黑色的痕來，她在公寓一樓按電鈴讓我開門，我記得我一邊開門一邊不高興地嘟囔：自己不會帶鑰匙。

幫她開了門，我也不下去接她或是幫她拿東西，就繼續去看書了。

後來長大以後，我很幸運地有了覺知，知道自己這樣是不對的。

但是，更多的是，我覺得媽媽沒有教育好我。

作為一個孩子，我很無知，需要大人引領教導。所以，我的孩子，雖然他們從小就有阿姨保姆，可是，因為我懶，再加上童年時候的教訓，所以我總是會訓練他們幫我做事。

後來兩個人上大學了，雖然他們沒有洗過自己的衣服，也沒有拖過地，但是我就放手讓他們自己去美國，自己處理住宿的事宜。

當孩子對你沒有懸念，不依賴你的時候，什麼事情他們學得可快了。

而我，始終就是那個處理外面事務很靈光、很有辦法的媽媽，但是家裡的事，拜託，別讓我做。

所以，我雕刻出來的兩個孩子，從來不指望我會照顧他們的飲食起居，但是在其他的事情上，他們在心理層面相當依賴我，和我無話不談，情同好友。

生命中有任何的困難、問題，他們一定第一時間來找我商量。聽了玉玲的故事，我問兒子，媽媽將來生病了，如果只剩下有限的生命，你會不會來照顧我？

兒子當時聽了立刻就說，當然會。第二天，他又發來了一張圖片，上面寫著：沒人會像你媽一樣庇護著你，趁她在的時候好好愛她。

兒子還說，你生病了我一定辭職回去照顧你。

然而在他小時候，我可不是一個好相處的母親，我很愛孩子，但是我從不受威脅，很有自己的底線和底氣。吵架時，他威脅我，我從來不吃那一套。

但是，我全然支持他，不控制他（作為一種尊重），只是單純地愛他，所以，孩子對我又敬又愛。

我也問我女兒，將來媽媽老了，你會照顧我嗎？

我女兒笑著說：「你放心吧！你一直那麼愛我們，而且，我親眼看到你是如何對待奶奶爺爺和外公外婆的，我不可能不孝順。」

所以，愛一個人，無論是父母、愛人、孩子、朋友，我們都不能在關係中失去自己，一旦失去自己，就可能養出甩手掌櫃的老公和大逆不道的孩子。

並且，在關係裡要時時刻刻警惕：我正在把我們的關係帶往什麼樣的方向和模式中？我有沒有守住自己的底線？我是否因為討好、求和而一再退讓或是妥協？你要求對方的，自己有沒有做到？

身教重於言教，就在於自己表現出來的態度：你打心眼兒裡覺得自己是值得尊重的，對方就會尊重你；你打心眼兒裡覺得自己不配得，對方就會輕忽你。

理直氣不壯，是我們在關係裡要好好學習的功課。

Part 5

撫平負面情緒的練習

01

餘生不長，時間只偏愛這四種女人

這三種人，老得最快

隨著社會的快速發展，人類老化的速度似乎變快了。越來越多的「九〇後」開始早生華髮，甚至開始擦生髮水。當然，更多的人英年早逝。

很多「七〇後」甚至「八〇後」看起來都相當有年齡感了，年齡感這個東西究竟是如何累積的呢？哪些人會老得快呢？

首先，就是那些封閉自己內心、不去接觸自己不喜歡的感受和情緒的人。當你把自己不喜歡的情緒硬生生地阻擋在心門外時，你也阻擋了自己童真的快樂。

其實，最強大、最能抗齡的人，都是能夠接受自己內心羞愧或是可以被人瞧不起的人，因為不害怕這些負面感受，所以內心強大。

不是說他們沒有這些負面感受，而是他們學會了和這種感受相處，能不被這些感受驅使，去做出一些不利於自己的補償行為。

比方說，大部分的男人都很不喜歡和老婆溝通一些比較敏感的話題，比如要拿錢回家給自己的弟弟妹妹，很難開口，於是乾脆直接拿錢回去，不和老婆商量，這反而造成了夫妻之間更大的紛爭。

我的一個朋友就跟我抱怨過，她老公拿錢回家從來不商量的，她也不是不通情理的人，可以理解那邊的需求，但是男人這種不願意面對所以不商量的做法的確相當磨人。

而長此以往，這樣的人會更加封鎖自己的感情通道，變成像一個毫無人性的機器人，內在憋了那麼多的情緒，自然容易變老。

其次，就是那些善於對自己說謊的人。他們不僅僅是欺騙他人，還欺騙了自己。用各種藉口來為自己不負責任或是不願意承認失敗無能的狀況開脫，好讓自己不去面對令人棘手的親密關係、事業、健康、親子關係……

於是，心事越來越多，越沉重。這些沉重的能量，會以不同的形式呈現在我們的身體上——皺紋、脂肪、駝背、含胸、氣阻……

我一直很喜歡倉央嘉措的一首詩：

一個人需要隱藏
多少秘密
才能巧妙地度過一生
這佛光閃閃的高原
三步兩步便是天堂
卻仍有那麼多人
因心事過重
而走不動

地球就是一個遊樂場，有些人玩得開心，有些人玩得不開心。玩得開心的人，肯定不是心事重重的，而是能夠放得開、不多想的人。

勇敢直面自己的問題，願意找人傾訴，這也是非常重要的凍齡方法。越來越多無法與人分享的秘密，塞在身體之中，的確為身體帶來老化的負擔。

最後，就是那些沒有好好照顧身體的人。

年輕人的生活，通常都違反了傳統中醫的養生方法。吃冰的、油膩的、辛辣的，不運動，晚睡晚起，不吃早飯而且暴飲暴食，寒冷時不注意保暖讓寒氣侵入身體。二十五歲以前的身體，面對這種生活方式還可以勉強支撐，但也因人而異。很多年輕人身體出現問題，就是因為不好好保養自己的身體。

現在更是因為電子產品太多，智慧型手機讓這一代年輕人的健康受到巨大的影響，老化就更加速了。

修煉無齡感的四個方法

所以，根據上面的說法，如何凍齡就很簡單了。

第一，讓自己的情緒流動，不要害怕各種負面的情緒，可以跟自己對話，大聲說出來。比如：「我此刻很憤怒，我很自卑，覺得別人都在嘲笑我。」

讓情緒能量自然流動，也許說到最後，你會笑出來說：「嘲笑我又怎麼樣？他們能把我怎樣？我愛怎樣就怎樣。」

也許我們小時候不被允許表達自己的情緒，沒有人理解我們的痛苦、悲傷、自卑、恐懼，可是現在我們成年了，可以照顧自己的情緒。

如果能夠像孩子一樣，想哭就哭，想笑就笑，不壓抑否認情緒，那麼，我們看起來一定就比自己實際年齡來得年輕。

第二，不要為了讓自己舒服、有面子或是怕責罰而說謊、誇大、隱瞞事實。

我們已經不是孩子了，不會因為這些事情而遭受我們無法面對的責罰，越是願意為自己的行為承擔責任，你就越自由，內在力量就越大。

謊言說多了，自己都會困惑，甚至自己都相信了。這樣的人，最終很難面對自己，內在會有很多的衝突和內耗，自然看起來不會年輕。

第三，維持健康的生活習慣，真的要把自己的身體當成一個寶貴的資源來對待、

使用。睡眠、飲食、運動，這三項都要均衡、標準。

第四，培養自己的好奇心和探索心。

其實，只要你不壓抑自己的情緒，沒有過多的秘密和擔心，那麼，我們的好奇心是不會停止的。

我就是一個非常喜歡學習新鮮事物的人，雖然年紀大了以後，和年輕人比起來，學習新的東西沒那麼快、那麼好，但是我還是不願意放棄。

我願意探索這個世界，往自己未知的領域去前進，這是一個非常好的特質，也是年輕的秘方。

一成不變、始終如一的生活，不是我想要的。在自己的世界裡，培養永不厭倦的各種興趣、愛好，是一個人可以優雅老去的絕佳保證。

根據我的觀察，很多看起來年輕的人，其實都有一點童心的，說白了就是有點幼稚。

我就一直擁有不屬於我自己這個年齡的天真，雖然有時候過於天真會比較容易受傷，但是我喜歡這個特質，不想改變。

正如我常說的，當我們天生的「傾向性」運作不良的時候，我們可以找那些天生就有這方面優勢的人去學習。比如你是一個早熟的孩子，沒有什麼童心，也不太會玩樂，看起來老氣橫秋的，那你就要去學習、仿效那些天生就有你沒有的特質的人——那種有很強烈的好奇心、對生命充滿熱情的人。

如果你想要一個不一樣的、年輕的人生，可能就要學習那些活到老、學到老、玩到老的人，不停地去改變自己、探索自己，強迫自己離開舒適圈，去嘗試不同的可能性。

這樣，有一天，你真的老到不能動的時候，你躺在床上，會覺得這一生毫無遺憾了，因為你盡力讓自己活得精采、自在、開心了。

沒有挫折、麻煩、痛苦的人生，真的不夠精采。所以，不要害怕這些橫逆，讓我們都活出一個「無齡感」的人生吧！

02

不生悶氣的女人，一定都有好關係

怨氣，是怎麼來的？

我們今天來談談關係裡的一個重要的毒瘤——怨氣。

它平常是隱而不現的，暗藏在表面和諧的關係之下，隱身在日常生活的瑣碎中，蠢蠢欲動但又不真露相，就像細小的針頭，時不時探出頭來戳一下對方，有時候擦槍走火，就會引發軒然大波。

很多夫妻離婚，是為了表面上看起來非常雞毛蒜皮的小事，外人不懂，但是他們自身的感受是：我已經受夠了。

這就是婚姻中的怨氣在作祟。

為什麼會有怨氣呢？

很簡單，對方的一些慣常言行，其實是你非常不喜歡的，甚至侵犯了你的界限，但是對方如此不自覺，甚至覺得理所當然。

而你因為從小的教養（不要隨便指責別人）、習慣（不願意為了一點小事就爭吵）、思維方式（覺得夫妻之間能忍則忍）或是恐懼（擔心會破壞兩個人的關係），或是錯誤地估算自己（這點小事沒什麼，我可以不在乎），所以沒有能及時和對方溝通，因而種下了心結。

而對方因為你表露出的不在乎，就一而再，再而三地這麼做。於是你封閉了你的心，暗暗記下每一筆帳，在生活中、在交流中、在互動來往中，時不時戳對方一下，作為報復。

很多人的外遇，也是在這種積壓已久的怨氣之下採取的報復行動；很多時候的小題大「作」，可能也是因為怨氣再也忍不了的即時爆發。

有怨氣，要及時解決

在一次讀者見面會中，有一名讀者提問，她說她和老公的關係，在外人看起來很好，可是她心裡不是這麼想的。

她說，她和朋友出去旅行很長時間，老公都不過問，而晚上她穿得漂漂亮亮出門，很晚回家，老公也從來不管。

我正想問她是不是想用這種方式來吸引老公注意，而男人有時候是不上當的，她就用得意的語氣說：「雖然他每天早上會問我要不要喝果汁，他會做給我喝……」當下我就知道，她是非常自以爲是的。

在婚姻中，她仗著年輕貌美，處於強勢的地位。而她的男人，習慣她的霸道，甘願屈居下風，知道過問她的事也管不了，反而更遭她的嫌棄，不如不問。

但是這一不問，她更不高興了。所以，這對看起來非常恩愛的夫妻，其實是貌合神離地過著外人眼中的恩愛生活。

當我在用心回答她的提問時，她竟然和旁邊的同學自顧自地說起話來，完全無視我站在臺上苦口婆心地想要幫她梳理她的煩惱。

我想，很可能有一天，她會在婚姻裡為她的任性霸道、目中無人買單。

也許是她人老珠黃，又沒有成長變得更讓人喜歡的那一天，也許是她老公受夠了她的脾氣和自私，碰到一個知情解意的溫柔女人，中年危機的驅使讓他成為出軌的壞老公。

我們在此無法下定論，但是，我確定的是，她的男人一定有很多的怨氣，否則不會那麼封閉而不願溝通。

另一位讀者的提問也很有趣，她說在家裡老公從來不和她交流、溝通，更別說讚美、欣賞她了。

因此，她累積了很多的怨氣，於是，一個惡性循環就開始了。

她面對自己的怨氣，一定找到機會就報復，很可能是有一天老公心情好了，和她開玩笑說些什麼，她就突然板起臉來教訓他、責怪他，讓他一下子下不了臺。

也有可能在外人面前，故意說老公的不是，讓他難堪，以此報復（我以前也常做這種事）。

而這樣的結果，就是男人也有很多怨氣，更加不願意和顏悅色地和你溝通，於是，屋簷下的兩個人就開始了「相敬如冰」的生活。

所以，有怨氣的時候，一定要及時解決，否則，就像冰凍三尺非一日之寒一樣，兩個人的關係會因為彼此的隱形攻擊和伺機報復而越來越糟糕。

三個方法，消解怨氣

如何面對自己的怨氣？

首先就是要覺察，這個覺察的工夫非常重要。沒有覺察就無從改變，更無法解決關係的問題。

我舉我自己親身經歷的例子。

我請了一個生活助理，來陪伴我旅行以及照顧一些生活所需。我因為比較大意，沒有面試，只是在視訊裡和她聊了一下。

我覺得她聲音聽起來很有力，人非常機靈、聰明，而且又做過瑜伽老師，應該沒有問題，於是就讓她搬到北京了。

她一來，我才發現她的身體非常孱弱，幾乎比我還糟糕。

我這是請助理來照顧我的，沒想到收到一個瑕疵品，我很懊惱，知道自己應該要為自己的大意買單。

但我不忍心辭退她，因為她非常珍惜、喜歡這份工作，也很努力，把她所有的家當都搬來北京了，我實在不好說退貨。

但是要我心悅誠服地接受，我當時是做不到。所以，我有了怨氣。於是，我會對她不滿，尤其是說到健康問題的時候，我會故意在別人面前數落她：「身體比我還差！」

對她而言，身體差是從小的一個心理陰影和痛苦，對於這點她也很自卑。我戳中了她的軟肋，她也不敢直言反抗，於是，她也有了「怨氣」。

我們這兩個「怨婦」（哈哈！）在相處上自然不順暢。我逐漸注意到她話鋒裡的小刺和她有時不經意流露的不敬態度，我覺得很納悶。

因為我雖然對她的體力、健康狀況不滿，但是基於對人的厚道和體貼，我對她是相當好的。

當然，擔任我的助理這個工作也的確是個好工作，多彩多姿、吃香喝辣、好處多多。

所以，觀察、體會了一段時間之後，我決定找她談談。因為畢竟不是親密關係，非我命門所在，我處理得相當有技巧。

我帶著好奇的疑問態度，告訴她，我覺得她只把我當一件事和一個物品，沒有給我溫暖和感情，我們兩個人的能量好像是對著幹的。

「你應該很珍惜這份工作，我對你也不差，從來沒有斥責過你，即使你做錯事。

為什麼你會這樣？」

她對於我的開誠布公有點驚訝，由於她也是在成長的人，善於自省和反思（每天會記日記），她承認對我的怨氣來自我在別人面前說她身體不好。

我一下子驚呆了。我竟然沒有想到自己隨便一句話，會讓她產生這樣的感受，也因此而無法由衷地善待我，即使我對她那麼好。

我想起來我的確多次在談到這個問題的時候，在朋友面前（而且是當著她的面）投訴：「找個助理身體比我還差！」原來我自我觀察能力還是有不及之處！

那一次的談話，我們前嫌盡釋，她也覺得那股怨氣在一瞬間就消散了，因為它被看見、被認可了。

我就想起我這張快嘴，以前是否也在親密關係中給我的男人很多難堪？

因為我也是會有積怨的人，積怨多了，勢必要「釋放」，這就造成了惡性循環，而讓親密關係越發有問題。

因此，我現在不允許自己生命中和所有的關係人有任何怨氣。

我很努力地去覺察，發現不舒服的時候，就會先自己看清楚這份不舒服是來自哪裡，需要自我負責的時候，我會去負責；需要我去放下的時候，我會放下。

我記得我以前在一段親密關係中，就是因為有太多的怨氣和憤怒，結果長了一個超大的子宮肌瘤，動了一次大手術摘除，我的健康狀況從那以後就一落千丈，人也衰老許多。

我現在總結了幾個消解怨氣的重要溝通方式：

一、坦誠。

這是最重要的溝通要素。如果你為了面子、為了自尊、為了不想讓別人知道真實的你，而隱瞞了你的意圖和實況，那麼你的關係中，一定會出現怨氣。

二、善意。

我們吵架時常常會問對方：「你什麼意思?!」其實我發現，大多數時候，對方沒有你想像的那麼惡意。

當我們這樣惡意揣測對方，並且質問對方的時候，其實已經是在定罪了。

如果你就認定對方沒有惡意，只是疏忽或是不知情，你其實是為自己的情緒在負責，並且給對方臺階下，對方不知道會多麼感激你。

這是我自己在生活中實踐得來的感觸，真的不是雞湯。

三、不責怪。

如果你能為自己的感受負責，而不是責怪對方讓你感受這麼糟糕的時候，你才能理性、成熟地去溝通，才能夠獲得一個最佳的結果。

最後要說的是，在溝通之前，永遠想想你的目的是什麼。發洩情緒和證明對方錯，是溝通的最大禁忌。

如果不注意，一段很好的關係可能就會被你破壞了，多麼痛的領悟！

03

內心強大的女人，身段軟，手段硬，臉皮厚

幾年前認識一位女企業家，她生產的女性產品相當不錯，每次有新款推出，她就會寄給我。

後來我不想用了，不太搭理她，而且我用微信小號加她，平常很少看小號，回信速度奇慢，她也不以為意，繼續寄產品給我。

我後來搬了幾次家，她寄來的東西都退了回去，可是四、五年了，她還是不離不棄地追著我要送我東西。

我直接告訴她我不想用了，她說，新款不一樣，特別好，一定要試試。於是，我感動了。我把新地址告訴她，並且用常用的微信加了她。

為什麼我會感動呢？因為，她身上有一股不屈不撓的毅力，而且面對「拒絕」的能力特別強，那麼我的問題是：「你有多少拒絕力？」

接受別人的拒絕

她因為不介意我的冷漠以對，繼續她想要做的事：送我東西，讓我肯定她的產品。最後她寄來的東西還真是不錯，讓我又喜愛上了。

接下來，她終於準備收穫自己四、五年來努力耕耘的成果了。她在一個平臺上開課，想要我用幾句話推薦。她也寄了其他名人給她推薦的話語給我看，其中也有我的朋友。

我真的佩服她，於是同意推薦了，為她寫了幾句內心有感而發的話，她道謝拿走就不再打擾我了。

她的成功真的就在於非常清楚地知道自己要什麼，不受感情的綁架，也沒有面子問題。你不理我？沒關係，我繼續找你，繼續送你東西，不介意後續的結果。反正也沒有損失，產品的成本也不是那麼高，當禮物送也送得起——最終，她得到了她想要的東西（我的幾個名人朋友顯然也為她的執著買單了）。

而我知道，很多人是沒有「被拒絕力」的。別人一個眼神、一個猶豫，玻璃心就受傷了，就不會再多問一句、更進一步。

這樣的人，就只能活在一個格局比較小的範圍裡，如果還有點才氣的話那還可以有點小成果，如果脾氣、面子都比能力和才華大的話，這個人最好不要有野心，否則他自己一生會鬱鬱寡歡以終。

我觀察我的朋友們也是如此。

很多人不介意你封鎖他或刪除他，發現的時候他就要求加回，沒有追問你為什麼，一點氣都沒有，只是找你有事。

這樣的人，反而會讓我愧疚覺得刪除人家不應該，所以他拜託我什麼事，我會格外用心幫忙。

但是有些人，你一旦刪除或拉黑他，他比你更狠地把你所有的通信方式都封鎖或刪除或拉黑，從來不問為什麼，只想報復。

如果是想繼續做朋友的話，其實可以好奇地探詢一下，別人為什麼刪除你。

如果不想做朋友，那當然無所謂。但是畢竟我是個有資源的人，多一個朋友總比沒有好，為什麼不進一步探討一下呢？也許可以讓彼此的心結都解開，而成為更親近的朋友。

所以，能夠有「被拒絕力」——接受別人拒絕你的能力，其實是快樂、成功的一大要素。

被拒絕，跟你本人沒關係

我就看過很多條件不好的男人，但是被拒絕力非常強，死皮賴臉地追一個女神，猜猜，最後怎麼樣？幾乎都會成功。

別人拒絕你，有的時候真的和你好不好、重要不重要沒有關係，只是當時的情況造成的而已，沒有你個人的原因。

我自己的被拒絕力也是不怎麼樣，所以也在修煉當中，學會理性地處理事情——不把「被拒絕」等同於「對方不尊重我，我丟了面子」，這是非常重要的。

有一次我邀請一個多年的朋友來我們平臺開課，他一直沒回覆我。我心裡就有氣，覺得你不來也可以回覆一下，怎麼這麼沒有禮貌呢？

後來我想，可能他的「拒絕力」（拒絕別人的能力，我們接下來要說的）比較差，不敢拒絕，所以就不回。

後來我有別的事情拜託他，就還是硬著頭皮跟他說，他就欣然同意幫忙。我嘟囔了一句：「上次發微信給你都不回。」他就說忙忘了。

其實我知道，他是不好意思拒絕我，但是，給我的感覺反而更不好。

我們所謂的個人成長，其實更重要的是在待人接物的處事態度上成長，而不僅僅是「個人感覺」上的成長。

所以，「拒絕力」和「被拒絕力」同等重要。

我以前有一個朋友說他微信好友只有一百個，按照有情、有用、有趣來留人，這個人算是相當任性的了。

我基本上也不喜歡隨便加人微信，現在超過一千人的朋友圈都讓我有點吃不消。因此，我微信的個性簽名就是：勿隨意加我，沒事不聊天。

但是有很多朋友還是喜歡有一搭沒一搭地發微信給我，尤其是逢年過節的時候。不回好像不禮貌，回覆又耗費我的時間和精力。

所以，我開始讓助理幫我回，並且讓對方知道是助理回的，希望下次別發了。

有一次一個朋友問我一些事情，他平常就非常囉唆，動不動就發好多條五十秒以上的語音給我，我看了就怕。他實在是太空閒了吧？於是我說，我讓助理跟你說。

他就立刻有點不高興了，所以他的「被拒絕力」就比較弱，因此他的人際關係和個人成就都會比較受限。

學會拒絕別人

接下來我們來看看另一種能力——「拒絕別人的能力」，這也是很多人需要修煉的，很多人就是無法拒絕別人。

每次出去演講的時候，我都會碰到這樣的提問求助。我的方法很簡單，這也是我自己摸索出來的。

我以前有「回答問題強迫症」，每次看到微博的留言都會忍不住要回答，但是問題越來越多，而且很多都是重複的。

同時，有些人是根本沒有在成長的路上，連我的書也沒有看過，來你這裡隨口一問（比方說，有人問「我加班的時候很想回家怎麼辦？」），所以，其實是沒必要有問必答的。

但是，如果不回答這些問題，我心裡會難過，於是，我學會了觀察自己在不回答問題的時候，內在的羞愧（我明明可以幫他們的）、不捨（這些人好可憐），然後學會和這些感受同在，就可以放下手機，該做什麼做什麼去。

學會和自己的負面感受相處，而不被它驅使去做事，是成熟長大的第一步。

就像上面那位加班就想回家的同學，誰加班不想回家呢？但是大部分的人，都能夠忍得住那個想回家的衝動，然後把事情做好。

這位同學顯然心智尚未成熟，像個孩子一樣，無法涵容自己的情緒，所以會懊惱、焦慮地到微博上問我。

而前面我們說的，之所以不能拒絕別人的要求，主要也是因為：無法和拒絕以後的羞愧感待在一起。

所以，我鼓勵那些無法拒絕別人的人，練習學會接受和「拒絕別人以後的感受」待在一起。

第一步，就是要去覺察、感受自己如果拒絕別人，會有什麼樣的感受。

第二步，就是準備好和這些不讓人舒服的感受待在一起。

第三步，別人又提要求的時候，給自己幾秒鐘的時間緩衝一下，知道自己開口說「不」以後，會有一股強烈的能量襲擊我們的身體，讓自己準備好接受衝擊。

這樣慢慢練習，你的拒絕力就會增強。

而被拒絕力，則是需要我們在被拒絕之後的痛苦中，先去覺察到身體的不舒服（體驗情緒），然而請頭腦出來做主：「他拒絕你不是你不夠好，或是不喜歡你。你到底想要從他那裡得到什麼？如果真的想要那樣東西，就再試一次。如果覺得不想要了，就好好和自己的感受相處，讓子彈飛一會兒。」

一個真正愛自己、對自己好的人，一定不會害怕被拒絕和拒絕別人的，希望我們越來越能夠成為自己行為和感受的主人，而不會身不由己。

04 不要被情緒模式牽著走

固化的思維模式，會鎖死命運的走向

我認識一位瑜伽老師，她的教學方法很獨特，都是她自己在練習時，克服種種困難研發出來的，和一般瑜伽老師比較不同。

她可以塑形、正骨，並且可以幫人雕琢出比較好的體態。但是，她內在信念充滿了阻礙，讓她無法順利得到自己想要的成果。

比方說，她非常糾結自己的身體形態，因為她天生就是骨骼往橫向發展的，屬寬廣型的體質，所以，看起來不如一般瑜伽老師高瘦、輕盈。

她的柔韌度很好，體脂也很標準，但是她動不動就是幾天不吃飯，要把自己餓出美好的身形（結果胃疼），或是拚命去健身房運動，想甩掉自己身上結實的肉（結果受傷）。

當然，她心情不好的時候也會大吃大喝，之後又各種後悔，想要讓自己看起來「像」一個瑜伽老師。

我問她為什麼這麼執著於自己的身形和體重？她說，為了行銷、宣傳。一般人心目中的瑜伽老師，不是像她這樣的身材，她覺得自己的課會賣不出去。

我跟她說，重要的真的不是外在，而是她內在有沒有自信。

如果她像她說的那麼自信，知道自己擁有的是非常獨特的技術，可以真的幫助到人，那麼她的形象問題是其次的。

就怕自己被形象問題困擾、糾結，展現不出自己內在的自信和篤定，那人家更不會接受你了。

我們都看過身形肥胖的「美女」，還有其貌不揚的「大師」。

這年頭，你的氣場、自信、展現出的「架式」，是最重要的。我和她說了很多次，她似乎比較相信她自己，很難改變。

她還有一個障礙：天生不擅言辭，而因為不自信，又不願意主動推銷自己（還有面子問題），所以她希望別人一看到她，就立刻主動撲上來，無須她費口舌就能招到生。

這種一步到位、輕鬆成功的想法，她自己甚至不知道，但這絕對是有礙她幸福成功的錯誤思維模式。

一個人的思維模式、情緒習慣、行為反應如果「固化」了，那他的命運就自然被「鎖死」了，很難更改。

看清自己的思維模式

有一次一名讀者也問我：「我是大齡女子，家裡人一直催婚。我覺得自己還不夠優秀，所以不能談戀愛。但我也怕等我很優秀了，年齡真的大了，找不到對象了怎麼辦？」我說：「你的想法是要優秀才能找對象，你在等待的過程中，比你不優秀的女人都談了好幾次戀愛了。

「何況，你擇偶對象的標準是優秀不優秀，你擔心自己不優秀，找到不優秀的人，說明你的戀愛標準是非常世俗的──以優秀不優秀為標準。那麼，碰到一個喜歡的人，你可以評判他不夠優秀，所以你不能和他在一起。如果他很優秀，你就會覺得自己配不上他，也不能在一起（你真的想談戀愛嗎？）。而抱著這個想法，你的伴侶就始終會和你有競爭比較的情結，這更是夫妻關係中的硬傷。」

這位同學可能小時候中了家裡的「毒」，覺得談戀愛要門當戶對，也就是條件相當才可以。

這並沒有什麼不對，但是抓著這點做藉口，讓自己遲遲不談戀愛，就是有問題的。所謂高不成低不就，大概就是如此。

就像前面說的瑜伽老師，其實她是對於自己和這個世界缺乏一個基本的信任和安全感，所以抓住一個不是理由的理由，讓自己無法舒服地展開自己的事業生涯。

基本上，她對自己身材的挑剔，是對這個世界的恐懼的變調投射。

如果她能看到這些糾結是來自自己內在的恐懼，而願意去承認、面對，甚至挑戰這些恐懼，就能夠明白，她根本無須擔心自己的身材會影響別人的接受度。

世界上畢竟有真正識貨的人（像我，就非常欣賞她！無論她外表怎樣），然而她在收集、尋找的是這個世界會不接受她的證據，而不是接受：「你看！德芬學了這麼多年的瑜伽，又有很豐富的人生閱歷，她都這麼肯定我，那別人更可以了。」

她選擇的是用自己的身材來為難自己，成為她生活中一個可以「挑剔」的事情，這就是一個典型的思維模式的錯誤。

所以，真的不是每個人都想為自己謀求幸福的。

我們受既有模式的捆綁，而且相信自己是「對的」，如果不下定決心去面對、改變，是不可能讓我們輕易得到幸福的。

而那位要自己優秀以後才找對象的朋友也是，她基本上對自己的婚姻沒信心，當然對自己也是沒有自信。

但是，我覺得更大的原因是來自她對婚姻的恐懼。

她童年的時候也許看到父母婚姻的一些窘境，造成了她對婚姻的不安全感，所以，長大以後要擇偶時，她就找一個比較拿得出來的「藉口」——自己不夠優秀——來逃避面對婚姻。

如果她能對症下藥，看到自己對婚姻有過多的擔憂和恐懼，那就可以多去了解、收集有關婚姻的種種事實，並且找朋友或專家，深一步挖掘自己內在的恐懼，誠實地面對它，也許就可以逐步化解她莫名的恐懼。

與此同時，多了解自己、看到自己的思維模式有問題，也是很關鍵的。

就像這位因不夠優秀而不結婚的女孩，她對於自己周邊那些沒有她優秀，卻一直談戀愛甚至結婚的女孩，視若無睹，在意識層面把她們排除在外了（就像瑜伽老師排除我的肯定和欣賞一樣）。

而我們對於自己的「病態」思想，總是可以找到「自圓其說」的方法，緊抓著它們不放，這真的很要命。

打開心，去接受

我們常常被自己的慣性思維、情緒模式牽著鼻子走，甘願做它們的奴隸。所以，當人生困境浮現的時候，我們第一個要去面對的，真的不是外境，而是我們內在的運作模式。

像我前面舉的這兩個例子，大家很明顯可以看到她們的問題所在，因為旁觀者清。

而我們自己呢？我們自己的一些人生模式，是不是也在阻礙著我們前進，無法讓我們變成一個更好的人？

我所謂「更好的人」並不是一個更有錢、更有知識、更成功，甚至更開悟的人，而是一個更自在、更了解自己、更滿足感恩的人。

人最怕的就是不知道自己有病，尤其是心裡的病。

有一次看新聞，一個流浪漢凍死街頭，警方找到了他的身分，循線找到了他居然有自己的房子，而且，房子裡還有幾百萬元的現鈔！

這個人不住自己的房子，不用那些錢，而上街流浪、乞討，最後凍死在外面。

這是什麼樣的人？不知道自己行為有問題的人、不知道自己有病的人。

所以，我們做人真的要謙卑一點，遇到困難、麻煩的時候，一定要多方請教有識之士或前輩，應該怎麼樣處理是最好的。

當然，我們自己內心深處要設定目標——我要讓自己過得更好，也讓我周圍的人過得更好——這樣會幫助我們不那麼衝動地感情用事，也會讓我們能夠虛心地接受別人真誠的勸告，並且改變自己的思想和行為模式。

我是一個能夠給別人提供寶貴意見的人，因為我眼光比較犀利，能一眼看到問題的癥結所在。

但不是每個朋友都能夠受益於我，因為，碰到不願意說真話，不想尋求幫助和解答，或是不願意為自己負責而成長的朋友，我是不會說什麼的。

我自己這些年來不斷成長、精進，就是因為我從來不認為自己修得很好、都是對的，所以遇到挫折、困難、問題的時候，我總是非常願意去多方諮詢朋友、老師的意見，從而改變自己的模式。

而有人願意跟我說真話，這是最讓我感激、感動的。

想讓自己更加自由、自在、快樂、喜悅嗎？那就打開你的心去接受對自己有幫助的建議吧！

不要讓自己年紀輕輕的就固化了，那只會讓你越老越怪、越封閉越不順的，希望不要這樣。祝福大家！

05

想通這四點，你就不會被負面情緒控制了

你能不生氣嗎？現代人生活步調快速而緊張，很多人壓力大，於是脾氣變得越來越暴躁。而往往壞脾氣都是留給了最親近、最重要的人，對越不熟悉的人反而越有禮貌。所以，我出去演講的時候，常常被問到這個問題：「德芬老師，我們怎麼樣才可以不生氣啊？」

生氣，還要修煉

為什麼生氣會成為一種「身不由己」的現象？因為我們的腦神經迴路動作太快，我們的理智還來不及干預的時候，就依照慣性方式去面對、回應了。

面對自己的脾氣，除了在身體、情緒和能量上面下工夫，就是要在自己的思想層面做出改變。

我先說說如何在思想層面努力，因為我自己在這方面實踐的結果成效很大。而身體、情緒以及能量方面，我會在這篇文章最後和大家概述一下。它們都是非常重要的，因為可以拉長「事情發生」到你「做出反應」之間的時間，讓你比較有餘地去選擇自己的反應方式。

想要不生氣，你自己一定要先做出承諾、下定決心——我不想再生氣了!!然後你帶著好奇心去看自己生氣背後的動力究竟是什麼。這個動作是非常重要的，否則我們就是會被情緒牽著鼻子走。

我研究自己生氣的原因，綜述如下：

一、不甘承受損失

二、不被尊重地對待

三、感到愧疚、羞慚

四、被別人耽誤了我的時間和效率（這是我生氣頻率最高的原因）

當我下定決心要儘量少生氣之後，我會去特別留意自己生氣之前的一些生理反應。比方說：手腳冰冷、四肢僵硬、心跳加速、胃部抽筋、心口發悶等，我感受到這

些現象的時候，就會帶著高度警覺去研究自己「此刻究竟發生了什麼事」。

有一次我的慶生會上，主辦單位請了一位老師來表演助興。她表演完自己的項目之後，突然不按常理出牌，開始帶一個冥想。她把一首非常悲情的音樂放得震天動地般響亮，還用非常煽情的聲音帶領大家和自己父母交流，我在現場沒有意識到發生了什麼事，還很努力地想配合融入到她帶領的冥想中。可是，不用心的東西是沒有能量的，我無法跟上，只能尷尬地坐在那裡。

後來，朋友把我帶出場外，到了場外，我發現場內已經是一片哭哭啼啼的愁雲慘霧了。我的生日，呃，有點尷尬，因為後面的節目就是要切蛋糕慶生了。我有點不悅了，因為我八十七歲的老爸特別從臺灣一個人飛過來參加我的慶生會，他最討厭聽到哭哭啼啼的聲音，我擔心他不高興，所以讓人趕緊也把他請出來。

第二點的不悅，就是我接下來還有事情，這位老師冥想之後，還要現場同學分享心得，這一拖就耽誤了一個多小時。我就告訴主辦單位：「蛋糕別切了吧。都哭成這樣了，還什麼生日快樂。」

不過，我是帶著笑容說的，一點也沒生氣。我真心不想切蛋糕了，而且覺得切蛋糕沒啥意義了，所以只惦記著下面的事情，想走人。主辦方特別不好意思，他們也沒料到這名老師會突出奇招，把一個歡樂的慶生弄成像送殯似的。主辦單位跟我保證主持人會立刻阻止他們繼續下去，讓我進去切蛋糕。

好吧，既然答應人家了，我就把戲唱到底吧。於是我又高高興興地和那些臉上淚痕未乾的同學一起唱生日快樂歌、切蛋糕。等我能夠離開的時候，我接下來的一件事情已經無法辦理了。

這件事情，犯了我會生氣的幾個大忌：

一、承受了損失（事情沒辦成）

二、不被尊重地對待（那位老師大概忘了她是來幫我慶生的，只顧抓住機會彰顯自己）

三、愧疚（對老爸不好意思）

四、時間損失（耽誤了一個多小時）

但是因為我下定決心要面對自己的怒氣，所以看到這些感受上來的時候，我能一一認清它們，並且不讓它們勾起我的怒氣。但是，現在在我的生活中，我也不是完全不會動怒的。

二〇一九年生過的兩次大氣，一次是跟兒子，一次是跟助理，說出理由的話，他們都是過分了。但是我自己看自己的問題，就在於「現實和期望相差太大」或是「毫無防備的情況下被襲擊」。所以，我很感恩這兩次的生氣，讓我看到自己還需要修煉的地方。

覺知意識層面的問題

我年輕的時候脾氣特別不好，動不動就會勃然大怒，所以，我相信，只要你有足夠的願心，想要修正自己，脾氣自然會越來越好。但是，覺知和意願，這兩者是缺一不可的。

記得有一次和一位非常有錢的朋友一起出行，在機場的時候她的行李超重，被罰了兩百多元。她憤憤不平，一路抱怨，懊悔（剛剛把一些東西放到你箱子裡就好了，這個機場怎麼這麼討厭，就差那麼一點就要罰我的錢……），走了好長的一段路之後，我終於開口了：「親愛的，這兩百多元對你來說真的是小數目，但是，為了它，你已經死了多少健康的細胞、創造了多少癌細胞，花了這麼多時間不愉悅地惦記它，值得嗎？」

她聽我這麼一說，才閉上了嘴。

她是吃齋念佛的人，每天早上起來要做「功課」做好幾個小時，可是對於自己的怒氣和小氣沒有覺知，也沒有意願要改變，那麼，這些修煉的目的是什麼呢？

我在微博上寫過這樣一段話：有沒有可能一個人只修行而不成長？很多人以為修行是盤腿打坐、習練瑜伽、誦讀經書、閉關吃素等這些流於形式的東西。在現實中，他們可能情關、錢關、名利關、做人關都沒過……

當你沒有意識到自己的問題並且下定決心去改變時，所有的修行可能只是你小我的錦上添花而已。

所以，關於生氣這件事，我把身體、能量、情緒這三方面的工夫放到最後說，因為，如果你沒有在意識層面清楚地覺知到自己的問題，你就算可以盤腿打坐三個小時、長年吃素、身體柔軟什麼瑜伽姿勢都可以做、每天磕一百個大頭，都沒有用。

照顧好你的身體和頭腦

當然，還有更多的人是：知道做不到。這個時候，你對自己生氣的理由就要有明確的認識，並且能夠在頭腦層面就予以化解。

像我上面舉的例子，我在意識層次上對自己的思想做了很多工作：

一、承受損失時：我對自己不止一次地說過——你可以承擔損失的，德芬。這個世界不是圍著你轉的，不是什麼好事都是你的，有的時候，你是會遭遇一些損失的。想想你擁有的、得到的那麼多，損失也是正常的。

二、不被尊重地對待時：在人家心目中，不是故意冒犯你的。只是對他來說，他有更重要的東西要表達，想展現，不是對你不尊重。如果真的有人不尊重你，那他的表現方式一定很low，這種人你何必與他一般見識呢？

三、羞愧感：我學會和自己的這種感受待在一起，不把它丟出去要別人為我承擔，雖然表面上看起來是他導致的，但還是我自己對號入座、承接了，和他人無關。當然，那天我爸爸沒有不高興，只是覺得有點莫名其妙。如果他很不高興，我可能會對這件事情的不悅程度又增加了一分，但也是如此而已，不會有怒氣。

四、效率和時間的損失：我修這個學分好多次了，所以已經不會太計較別人耽誤、浪費我的時間，自然也沒有怒氣產生。上面說的所有所謂「修行」的方法，對於減少我們的怒氣都是有幫助的。否則，即使你在頭腦層面可以自圓其說，但那個怒氣加諸身體上的感受和負擔卻是我們不願意去接納的，只好把脾氣發在某個人身上，讓他來「分擔」。

把自己的身體照顧好，這是想要不生氣的最基本的條件。一個身體不舒服的人，肯定會比他身體愉悅的時候更加暴躁易怒，除非他修行特別好。而在能量上，我們可以利用冥想、瑜伽、音樂、藝術等能量療法，消除堆積在自己能量中心（主要是脉輪）的負面能量，這樣，生氣的機率、頻率和強度都會減小。最後，生氣其實是一種情緒習慣，我們大腦裡面已經形成了這樣的神經迴路，所以會用怒氣來回應我們不喜歡的人、事、物。我的方法是，看到這是自己的情緒習慣，每當怒氣升起的時候，如果頭腦的解釋（思維的轉換）都無法消弭它時，我會謙卑地（是的，謙卑地）和怒氣待在一起，敞開心去迎接它要給我的禮物。最後我發現，原來我有好多悲傷在這怒氣之下，是那個童年受到母親壓抑、控制的委屈小女孩。於是，我讓她放聲大哭一場，把壓抑的淚水和憤怒透過這樣的方式釋放出來。哭完之後，怒氣早已消散，而心頭的感覺，就像烏雲散去之後的輕鬆安適。大家可以試試看。

06

真正愛自己的人，不討好別人，不苛責自己

「親愛的，外面沒有別人，只有你自己」，這句話，真的有很多重面向的解釋。我們從心理學的名詞「投射」來看看自我批判帶來的問題，進而對這個流傳甚廣的金句（雖然它讓人聽了心有戚戚焉，但又常常解釋不了），提供一個引申和例證。

女兒跟我分享他們幾個同學有一次開車去滑雪，結果路上遇到大風暴，被困了，兩個男生大甲和大乙出去求援。

大家在焦急等待的過程中，大甲的女友自在地和大家談天說地，大乙的女朋友有點看不慣，背後說：「她怎麼可以在這種情況下還若無其事地這麼開心？」

這話後來傳到大甲女友的耳中，她勃然大怒，整整一年沒有搭理大乙的女友，而大甲和大乙在學校是最好的兄弟，所以弄得大家挺尷尬的。

為什麼這樣簡單的一句話，會引起這樣大的情緒呢？

讓你暴怒的，都戳到了你的痛處

先說大乙的女友吧，好端端地去說別人幹嘛？很簡單，那是因為她自己內在非常地煎熬，擔心男友安危，承受不住了。所以看到大甲的女友居然毫不在意，所以就把那份焦慮投射出來，變成責怪，這股能量衝著大甲女友去，好讓自己的擔心獲得一些舒緩。

大乙女友沒有想到，每個人對其他人關切的方式、看待事物的態度，可能都會有所不同的。擔心、緊張、焦慮，並不能幫助到當時的情況，也更不能給男友帶來助益。

而大甲女友就是一個比較不會擔心的人，所以，她只是在那裡舒舒服服做她自己而已，她的性格就是如此，並沒有多想什麼。

但是，被大乙女友指責之後，大甲女友的暴怒就很耐人尋味了。

當別人一句話讓你暴怒的時候，顯然就是戳到了痛處。

大乙女友其實也不是指責，只是一句埋怨而已，她希望她的焦慮、擔心有人一起分擔。

然而大甲女友的反應，顯示了她自己平時就是對自己非常地嚴苛，不滿意，所以別人隨便一句不中聽的話就會打到痛處，讓她無法面對，因此只好遷怒於他人，避免自己去面對，這就是所謂的惱羞成怒吧！

愛自己，不賦予別人傷害我們的權利

我可以想像，如果當時是我女兒的男友去外面求援，我女兒也不會太過擔心的，因為這就是她的個性。而如果有人在背後這樣說她，她頂多也是一笑置之，因為她足夠愛自己，平常對自己很少苛責。

當然這是和她天生的性格以及後天的教育有關。

從小我女兒就非常乖巧聽話，長得又漂亮，所以很討人喜歡，很少被罵，我們總是稱讚她、呵護她。

話說上面的故事讓我們看到，一件事情的發生，都有很多的心理過程。但總會去批判別人，或是遭到批判就會勃然大怒的人，一定是自己內心先放棄了自己，沒有在心裡維護自己，才會受不了別人輕微的、無關痛癢的批判。

而我注意到，每當想要批判別人的時候，都是自己內心不舒服才會這麼做的：也許是覺得自己委屈，或是覺得被誤解，或是覺得自己不夠好，批評別人之後，這些感受會獲得緩解，甚至有高人一等的優越感出現。

當你去批判別人，以上的負面感受都會獲得短暫的紓解，但是後面帶來的，卻是更多的口舌紛爭和自己內心的無法安寧。

同樣地，當你看到別人的臉色，覺得別人沒有善待你、尊敬你、喜歡你的時候，一定是你在自己內心，已經不善待、不尊敬和不喜歡自己在先了，所以才能允許別人這麼做。

否則，就算看到別人的面色不善，或是說話不客氣，你只會據理力爭，而不會受到情緒上的傷害。

還有就是所謂的被拋棄，我想不透一個獨立自主的成年人何來被拋棄一說。

肯定是自己先拋棄了自己的完整性，託付依賴了別人，別人一離開，我們就摔個跟頭，坐在地上哇哇哭，像個被拋棄的孩子，其實也是你先拋棄了自己。

所以，外面沒有別人，我們必須在自己的內心常常陪伴自己，喜歡自己，才能不去賦予外在的人、事、物有傷害我們的權利。

允許自己、別人去做自己

有些讀者會問我，和婆婆相處不好，怎麼辦？

我有一個朋友，她和前後兩個婆婆之間，從來沒有任何問題，因為她從來不覺得需要去討好婆婆，也不在意婆婆怎麼看她。當然，這是因為她在親密關係中是占優勢的一方，她的男人很愛她。

但是，這也是她的一種天性使然的選擇。

在以前的婚姻中，我的前夫也很愛我的時候，我和婆婆相處還是緊張的，因為我在意她，我心中有一個想要做「好媳婦」的自我要求。

這個強烈的需求，讓我特意想要討好婆婆，會去看她的臉色，在意她怎麼看我，怎麼想我，因此，關係反而緊張。

其實我前婆婆是個非常好、非常善良正直的人，離婚之後，我們的關係反而變得前所未有地良好。

去年我去美國學習的時候，還住在他們家裡，他們每天中午還幫我準備便當帶出去吃。當我放下想要做「好媳婦」的欲求，只是自由自在地做自己，沒有權利義務之間的羈絆，關係反而變得特別舒服。

所以，讓自己舒舒服服地回到中心，坐在「正位」之上，不刻意去「掠奪」別人的能量——也就是說：

開開心心地不去討好，不去奪取注意力，不去求取別人的認同和讚賞，沒有既定的、非要不可的意圖或隱藏的議題。

而只是歸於中心地做好自己，活在每個當下時刻的圓滿裡。那麼，你不但自己舒服，也讓別人都歸於他們自己該有的位置了。

暑假的時候和兩個孩子參加玩有引力舉辦的日本東京北海道之旅，同行的團員都非常羨慕我和孩子的互動，非常流暢自然，親密友好。

其實沒有什麼秘訣，就只是我讓他們舒舒服服做自己，看他們沒毛病，有該溝通交流的我會去說，但是不會去干涉他們太多。

我兒子、女兒個性相差甚多，兩個人其實彼此並不那麼友好。只有在他們吵嘴的時候，我會非常中正地指出兩個人該注意的地方，但從來不會人身攻擊或是批判對錯。

主要的原因就是，我對他們沒有預判，沒有特別的要求，我允許他們做自己。這個「允許」是非常重要的素質。先允許我們做好自己，然後再允許其他人做好自己，那麼，你的世界就是太平的了。

後記
內觀自己的情緒模式

我的一位朋友二〇一九年十一月初突然過世了，非常令人意外。

他是養生專家，在家吃了過期的大棗，中了黃麴黴素的毒，但是他用催吐以及自己的排毒方法處理之後，沒有去醫院。

休養幾天之後，他還出差到外地，吃飯付帳時突然倒地不起，現場有醫生立刻施以急救，但他沒等救護車趕到就無生命體征了，享年五十一歲。

這個朋友他為人豪邁，口才犀利，帶領了一批弟子，弟子們都很尊敬、愛戴他。我聽過他的課，的確口才了得，內容也發人深省。

他的養生觀念雖然為某些人詬病，引發一些爭議，但是如果你斷章取義任何人說的話，都有可能產生誤解和惡評。

最後奪去他生命的，絕對不是錯誤的養生觀念，而是他的生活方式和思維方式。

你的地圖，不是疆域

身為養生專家，他可能對自己的健康太過自信，掉以輕心，常熬夜，不好好休息。我感覺他就是常年缺覺，沒有靜養過，所以即使催吐、排毒了，還是抵抗不了黃麴黴素的劇毒。

另一個很重要的原因就是：他愛面子，不願意上醫院。當然他平常對於傳統醫療是比較不喜歡的，所以出了事也不願意自己打臉上醫院，耽誤了救治的時機，讓人扼腕、難過。

有人也說另一位養生專家也是二〇一九年六月過世了，享年五十九歲。這位養生專家是一位才子，對傳統國學很有研究，也是太極拳、武當拳的高手。

同樣地，他的生活方式和思維方式造成了問題。

生活也是太忙、太累，沒有好好休息以及持續練習自己的工夫。思維方式的問題是，他認為自己不會生病，所以沒有定期體檢，甚至有一些病兆出現了也不以為意。

看了這兩個案例，我不禁回看自己，有沒有因為我好像是「個人成長」專家，我就犯了同樣的錯誤呢？

這種錯誤是來自不理解「地圖不是疆域」（Map is not the territory）這個概念。這句話的意思是，你心中的世界（地圖），並不代表著真實的世界，而我們常常被自己的頭銜、身分、看法、思維、情緒和特定的情境綁架，制定出了一個自己的生命藍圖，和實際的世界、現實的生活是脫節的。

我們的內在地圖可以說是我們的價值觀、生活觀、世界觀，就是我們看待所有事物的觀點，以及回應人、事、物的方式。如果，這個地圖不切實際或不合時宜了，你就會一直在生命中碰撞到問題。

所以，才會有養生專家英年早逝，也會有個人成長老師、大師爆出醜聞，也有北大高才生被男友情感語言虐待而自殺。這些都是因為，他們太相信自己的內在地圖，絲毫沒有想要改變的意思。

因為改變牽扯到辛苦的努力、走出舒適圈、面對未知、面子受損、不安全感等，所以，緊抱自己的地圖不放是比較容易而且感覺安全的。很多人的地圖就是他們的保護傘，守護著個人的疆土和存在感，不容侵犯。

你做人做事的準則？

回想我從個人成長開始之後的生活，幾乎都是在改寫我自己的內在地圖，那麼，要如何改寫呢？

只要碰到困難、問題、阻礙、麻煩，我就知道是我的「地圖」出了問題，而不是外在的疆域有問題。

比方說，我的婚姻、親密關係，在這門功課上我發現了太多的盲點和自以為是，並且還在不斷的改進當中。我喜歡看到自己地圖的問題，進而改寫它。

但是大多數人不是，他們覺得自己的地圖是對的，對於碰撞到他們地圖的人、事、物，就敬而遠之，或是不斷抱怨，就是沒有想過自己的地圖可能是有問題的。

養生專家有他們自己的堅持和想法，最後導致他們英年早逝，而我們每個人何嘗不是因為自己的地圖和實際的疆域不同，而一直在生命中創造出問題來？

如何修改自己內在的地圖呢？首先，你要承認自己有一套固定的做人做事的準則和看法，而這些準則和看法有可能是錯誤的。

要做到這一點相當不容易，因為每個人都習慣了用自己的慣性思維模式思考、做事、回應，不願意去挑戰自己，所以我很少看到非常清醒的人。

清醒的人意味著，不受自己的慣性約束，而能夠從善如流地改變自己的應對方式，為自己的最高利益服務，而不是為自己的情緒意氣用事。

每一次，當我痛苦、煩惱、生氣的時候，我就知道，一定是我內在的某個錯誤想法在主導我的行為，我會安靜地向內看去，找出它來，進而改變它。

比方說，我常常遇到收了很多錢但是服務很差的商家，也常常有人利用我的信任和慷慨來取得不公平的利益。

我如果為這些事情困擾、痛苦、憤怒，我就知道我沒有放下「被別人占便宜、不公平對待，甚至誤解」的這個模式，它是我人生的一個重要的關卡。

迭代你的地圖

為自己的反應方式負責，實在是太重要的成長標誌了。所以第二件我們可以做的事情，就是認出自己的慣性情緒。

我們的慣性情緒有很多，最普遍的就是生氣、嫉妒、恐懼等。當然，每個情緒慣性下面就可以細分為：因為不被愛而生氣，因為被占便宜而生氣，因為不被尊重而生氣等模式。

我真的在這裡掏心挖肺地和大家說一句大實話：我們都是先有這種情緒模式存在，因為對這種情緒有「需求」（本身就自帶了），所以才在外面的現實世界中，找到合適的人、事、物，把我們的這種情緒需求「掛靠」上去。

我觀察自己無數次，然後看著事情如何演變，最後都證實我的看法：這種情緒是我自帶的，對方只是被我「掛靠」而已。

我也觀察身邊的人，這樣更清楚地看見：同樣一件事情，為什麼有些人絲毫不在乎，有些人卻憤怒不已，還有些人恐慌不已？

所謂「清醒的人」，就是會去看到自己的這種窘境，而願意內觀自己的情緒模式，並且接納那個自己最討厭的、不舒服的感受。

沉睡的人，始終責怪外境，不會改變，在他們自己的地圖裡面繞圈圈，而責怪這個世界和其中所有的人辜負了他們，或是嚴格按照自己的地圖行事，最後被困在裡面。

所以**第三件要做的事情就是，學會接受自己不喜歡的情緒模式**。

比方說，我討厭被人不尊重，不喜歡被利用，這些可能是我的情緒模式，因此，我在這些方面就會格外「敏感」，當碰到這種情緒的時候，我可以學會和它好好相處，接受它帶給我的種種不快和不舒適，然後再去應對外在的人、事、物。

北大女生包麗被虐而自殺的事件，真的是讓我心痛不已。包麗顯然也是活在自己的世界中，讓一個渣男的地圖overwrite（複寫）遮蓋了她的世界。

如果她有一個支持、對照的系統，和老師、朋友、父母商量一下，就會知道她變態男友的種種語言、要求，都是不正常的。

所以**第四件我們要做的事，就是要建立一個知識更新和情感支持的系統，讓我們的想法能夠與時俱進。**

我們的情緒、情感，有各種不同的支持來源，可以是父母、同學、老師、朋友、志趣相投或是有共同信仰的同志等，不能把自己的地圖版本局限在一個小小的範圍之內。

所以，不斷檢驗自己的地圖，並且多和其他人碰撞、理解現實的世界究竟是什麼樣子的，非常重要。

比方說，包麗的案例中，「不是處女」這件事，在多年前某些地區，可能是一件要命的事，但那個地圖現在已經過時了，現實的世界改變了。

就像導航系統一樣，我們必須不斷地迭代更新自己的地圖，確知我們走在正確的道路上，就不會有這麼多的悲劇發生了。

國家圖書館出版品預行編目資料

遇見自在優雅的自己 / 張德芬著. -- 初版. -- 臺北市：皇冠, 2021.05
面；　公分. -- (皇冠叢書；第4934種)(張德芬作品集；7)
ISBN 978-957-33-3719-5(平裝)

1.修身 2.生活指導

192.1　　110005513

皇冠叢書第4934種
張德芬作品集07

遇見自在優雅的自己

作　　者—張德芬
發 行 人—平雲
出版發行—皇冠文化出版有限公司
台北市敦化北路120巷50號
電話◎02-27168888
郵撥帳號◎15261516號
皇冠出版社(香港)有限公司
香港銅鑼灣道180號百樂商業中心
19字樓1903室
電話◎2529-1778　傳真◎2527-0904
總 編 輯—許婷婷
責任編輯—陳怡蓁
美術設計—嚴昱琳
著作完成日期—2020年12月
初版一刷日期—2021年5月
初版二刷日期—2022年6月
法律顧問—王惠光律師

讀者服務傳真專線◎02-27150507
電腦編號◎565007
ISBN◎978-957-33-3719-5
Printed in Taiwan
本書定價◎新台幣380元/港幣127元